원조얼짱 주군쟁탈전 1

제자백가와 사랑의 기술

원조얼짱 주군쟁탈전 1

제자백가와 사랑의 기술

2021년 10월 12일 초판 1쇄 발행

글	정단비
그림	박미화
교정·윤문	전병수

발행인	전병수
편집·디자인	배민정
발행	도서출판 수류화개
	등록 제569−251002015000018호 (2015.3.4.)
	주소 세종시 한누리대로 312 노블비지니스타운 704호
	전화 044−905−2248
	팩스 02−6280−0258
	메일 waterflowerpress@naver.com
	홈페이지 http://blog.naver.com/waterflowerpress

ⓒ 도서출판 수류화개, 2021

값 15,000원

ISBN 979−11−971739−8−1(03150)

원조얼짱 주군쟁탈전 1

제자백가와 사랑의 기술

글 정단비, 그림 박미화

도서출판
수류화개

들어가기 전에

제자백가란

공자, 맹자, 순자, 노자, 장자, 묵자, 한비자……. 교과서에서 배운 고대 중국의 다양한 사상가들. 이름은 어딘가에서 들어본 것 같지만 그들이 정확하게 어떤 주장을 했는지, 서로 어떤 관계를 맺고 있는지는 기억하기 어렵습니다. 또 우리 삶에서 그들의 철학이 어떤 의미를 가질 수 있는지에 대해서는 더욱 파악하기 힘들죠.

여러 선생의 다양한 학파라는 뜻의 '제자백가諸子百家'는 우리와 관계가 없고 다가가기 어렵게 느껴지지만, 지금과 크게 다르지 않던 정치적인 혼란의 시기에 힘없는 사람들을 좀 더 살기 쉽게 해주려 노력한 그들의 시도는 21세기에도 여전히 큰 의미를 갖습니다. 동양의 철학자들은 어떻게 하면 더 좋은 삶을 살 수 있을까, 어떻게 하면 남들에게 도움이 되는 사람이 될 수 있을까, **어떻게 하면 주변 사람들과 더 의미 있는 관계를 맺을 수 있을까에 대해 끊임없이 고민해왔고, 우리 또한 그러한 고민을 하면서 살아가기 때문입니다.**

친구가 어려운 일을 당했을 때 옆에서 지켜보면서 어떤 조언을 하나요? 더 힘들어지더라도 불의를 참지 말고 싸우라고 할까요, 아니면 나서지 않고 조용히 물러나는 것이 이기는 것이라고 말해줄까요? 매주 봉사활동을 다니고 있는데 오늘은 갑자기 엄마가 아프다고 하시면 어떻게 해야 할까요? 자기 가족 먼저 충실히 챙기는 사람이 좋은 사람일까요? 아니면 친족이나 인척 관계를 따지지 않고 사회 전체를 위해 희생하는 사람이 더 좋은 사람일까요? 제자백가가 고민한 것은 이런 문제들과 크게 다르지 않습니다. 그들은 이런 질문을 끊임없이 던지며 서로 간에 갈등하고 논쟁하며 논의를 발전시켜 왔습니다.

그들은 그 시대의 권력가들에게 자신의 사상이야말로 천하를 통일하고 백성을 도울 수 있는 최고의 방법이라며 적극적으로 어필하여 천하를 제패하는 국가의 재상이 되기를 꿈꿨습니다. 또 작거나 힘없는 제후국들은 더 훌륭한 전략가를 모셔서 국가의 힘을 키우려 노력하기도 했습니다. 어렵게 정착을 했다가도 군주가 제시하는 조건이 맞지 않으면 전략가는 다른 나라로 떠나기도 했죠. 한 편에는 각각의 성향을 자랑하는 사상가들이, 다른 한 편에는 조건이 각기 다른 국가의 제후들이 더 좋은 짝을 만나기 위해 노력하는 모습은 마치 만나고 헤어지는 현대의 자유연애와도 비슷합니다.

또한, 인간이란 어떻게 살아야 하는가에 대한 각 사상가들의 논의는 비록 군주와 신하, 통치자와 피통치자 사이의 관계지만 결국 **인간과 인간 사이의 감정과 행위를 논한다는 점에서 연애 관계로 충분히 환원할 수 있습니다.**

이 책에서는 제자백가의 사상가들과 그 제자들, 그리고 그들이 유세한 제후나 세력가들을 썸 타다가 사귀기도 하고 또 이별을 하기도 하는 남녀의 모습으로 표현하여 역사적인 흐름과 철학적인 배경을 알기 쉽게 풀이했습니다. A와 B가 잠시 만났다, 썸만 타다가 헤어졌다, 혹은 오래 사귀었다와 같은 관계는 A가 B나라에서 잠시 재상을 지냈는지, 혹은 권력자를 만나기만 하다가 결국 자리를 얻지 못했는지, 아니면 그 나라의 정치에 큰 영향을 미쳤는지를 나타냅니다. 최고의 조건을 갖춘 짝과 사귀게 되는 것은 곧 모든 제자백가가 꿈꾼 최고의 권력에 비유할 수 있겠죠. 그러므로 주군을 가운데에 둔 각 학파 얼짱들의 쟁탈전은 곧 천하통일을 위한 사상가들이 벌인 싸움의 상징입니다.

춘추전국시대라는 시대적 배경

중국이라는 큰 땅에 서로 경쟁 관계에 있는 여러 국가들이 있고, 서로 동맹을 맺었다가 또 크고 작은 전쟁을 하기도 하면서 끊임없이 변화하는 다이내믹을 보인 시대가 춘추전국시대입니다.

중국의 역사는 하, 은, 주라는 고대 세 왕조 이후의 혼란기인 춘추시대, 더 전쟁이 잦아지는 전국시대를 지나 아주 잠시나마 진 시황이 천하를 통일하는 진나라, 그리고 혼란기를 거쳐 다시금 통일된 한나라로 이어집니다. 공자와 노자는 춘추시대의 인물, 묵자, 맹자, 장자, 공손룡자, 순자, 한비자 등 이후의 제자백가는 전국시대의 인물입니다.

그러나 하나라, 은나라(상나라), 주나라는 중국 전체를 통일한 국가의 이름은 아닙니다. 여러 작은 나라들이 동시에 공존하는 상태에서 그 중 가장 세력이 큰 국가가 주나라였던 시대를 '주나라'라고 부르는 것입니다. 공자가 활동한 시기는 명목상으로는 아직 주나라의 통치자가 '왕' 곧 천자의 지위를 가지고 있고 나머지 국가는 '제후국'이었지만, 이미 주나라가 패권을 잃어 더 힘이 세고 부유한 다른 국가의 통치자들이 왕의 제사나 제도를 사용하며 아직 왕이 아니지만 왕인 것처럼 행세하기 시작한 때였습니다.

공자는 이러한 제후국을 강하게 비판하면서 **힘이나 돈이 아닌 도덕성이나 정통성을 바탕으로 정권을 이어가는 주나라의 전통을 따르겠다고 선언합니다.** 한편 공자는 여러 제후국을 찾아다니며 자신에게 벼슬을 주어 백성을 위하는 정치를 할 수 있는 세력을 얻기 위해 노력하기도 했습니다. 기존의 제도를 최대한 유지하려는 공자의 시도는 보수적이라거나 복고적이라는 평가를 받기도 합니다. 그러나 학정에 시달리는 백성을 보호하고 힘을 내세워 정치 세력을 경쟁적으로 넓히는 세가들을 비판하며 계급에 상관없이 누구에게나 교육을 베푼 공자의 태도는 단순히 복고적이라는 틀에 가두기에는 한계가 있습니다.

주요 등장인물

주나라(주군)

전국대 정치학과, 전국대 최고 얼짱, 모쏠로 과연 우유부단한 그가 결국 누구와 사귀게 될 것인지가 교내 최고 관심사.

　이 이야기는 남자 주인공인 주나라가 많은 소개팅을 거쳐 여자 친구를 찾아나서는 내용입니다. 주나라는 학교를 떠나 있던 공백기 때문에 이제 한 물 간 것 아닌가 하는 소리를 듣기도 하지만 한 때 최고의 얼짱으로 이름을 날린 인물입니다. 화려한 패션은 아니더라도 받쳐주는 기럭지로 수수한 듯 깔끔한 남친룩을 잘 소화하는 패완얼 종결자.

　"주군"이라는 별명으로 불리는 주나라는 한편 공자의 큰 사랑을 받은 정통성 있는 국가인 **주나라**, 혹은 제자백가의 유세 대상인 **각 나라의 주군**을 의미하기도 하기 때문에, 종합적으로는 특정 사상을 선택하여 한 나라 전체에 영향을 미칠 수 있는 **통치자**를 상징합니다.

공자인

전국대 철학과 4학년, 대학원 준비 중.

　인仁이라는 가치를 가장 소중하게 생각한 **공자**孔子를 상징하는 캐릭터라서 **공자 + 인**. 배려심과 예의를 중시한 공자의 철학을 대변하는 인물이기 때문에 단정한 단발머리에 세미 정장 스타일로 옷을 입습니다.

　아버지가 일찍 돌아가시고 경제적으로도 여유롭지 않지만 카리스마 넘치는 캐릭터로 후배들에게 큰 영향을 미치는 자인은 자신을 완성해서 대가를 바라지 않는 이타적인 사랑을 이루고자 하고, 주변 사람을 돕는 데 적극적입니다.

　이 책에서 자인이가 하는 대부분의 이야기나 행동은 공자의 제자들이 공자의 언행을 기록한 《**논어**論語》의 기록을 현대적으로 해석한 것들입니다.

이다미

전국대 국문학과 4학년. 취업에는 관심이 없고 아르바이트로 최소한의 생계만을 유지하고 싶어함.

　노자의 자인 이담李聃을 따서 지은 인물로, 도가 사상을 상징하는 인물입니다. 제도에 얽매이는 것을 싫어하는 다미는 편안한 레깅스와 티셔츠에 풀어헤친 긴 웨이브 머리를 하고 있습니다.

　자인이와 마찬가지로, 다미가 하는 언행의 대부분은 도가의 기록인 《도덕경道德經》에서 따온 것이 많습니다. 그러나 노자는 실존 인물인지, 하나의 인물이라고 할 수 있는지조차 알 수 없는 미스터리에 싸인 사상가로, 이 책에서도 다미의 사생활에 대해서는 구체적인 이야기는 나오지 않습니다.

계강욱

안연희

주유이

염유정

계강욱 및 공자인의 후배들

계강욱 공자가 살았던 노나라의 최고 권력자 계손씨의 아들 **계강자로 욱하는 성격이 포인트.** 화려하고 사치스러운 스타일.

안연희 공자가 가장 사랑한 제자로, 가난 속에서도 인을 실천했으나 **젊어서 죽은 안연**(안회로도 불림)을 상징.

주유이 공자와 가장 가깝게 지내며 공자의 보디가드와도 같았던 **과격한 성격의 제자 중유**(자로, 계로 등으로도 불림)를 상징.

염유정 능력은 많았으나 권력자의 부도덕한 통치에 순응하여 **공자에게 비난을 들은 제자 염구**를 상징.

이묵겸

맹호연

손예지

이후의 소개팅 상대들

이묵겸   차별 없는 **이익과 겸애**를 주장한 묵자를 상징하는
인물.

맹호연   호연지기를 주장한 **맹자**를 상징하는 인물.

손예지   예와 지각의 중요성을 강조한 **순자**를 상징하는 인물.

I.
전국대학교
춘추독 삼인방

주군은 전국대
최고의 엄친아다

학생회관 앞

신입생 1   꺄아악!! 저거 누구야, 주나라 선배 아냐?

신입생 2   누구? 유명한 사람이야?

신입생 1   야, 너 전국대학교 최고 얼짱 주나라 몰라? 저 오빠가, 완전 잘생기고 공부도 잘 하고 친절하고… 진짜 엄친아야 엄친아. 근데 모쏠이래, 그래서 더 유명해! 작년에 1년 동안 무전여행 세계일주 다녀왔다는데, 이번에 복학했대. 안 그래도 얼굴 언제 보나 했어!

신입생 2   뭐야, 모쏠이면 좋은 거야? 맨날 욕먹는 연서복 아냐, 연애가 서툰 복학생?? 백패킹은 막 돈 하나도 없고 노숙하고 그러는 거잖아... 그 사이에 괜찮은 애들 얼마나 많이 들어왔는데, 그럼 이제 주나라 선배는 한 물 간 거 아냐?

신입생 1　아냐, 그래도 저 오빠가 아직 정통이랄까... 뭐 더 세련되고 돈 많고 추종세력 더 큰 애들이야 많겠지만 그래도 **저 오빠가 진정한 황태자** 같은 느낌? 우리 학교에 예쁜 언니들 진짜 많잖아. 그 언니들이 은근, 저 오빠랑 처음 사귀는 사람이 이 학교 최고 얼짱 되는 거다, 이런 식으로 생각한다니까? **영웅 많은 혼란기인 춘추전국시대에, 주군 오빠랑 사귀는 게 천하통일**인 거라고!

신입생 2　잘생기긴 했다.. 스타일도 완전 깔끔 훈훈 남친룩.. 근데 진짜 여친 없는 거 맞아?

신입생 1　아 그게 사실... 4학년 언니들 둘이랑 죽고 못 살 정도로 친하게 지냈대. 대학 들어오기 전부터 친해서, 신입생 들어왔을 때부터 아무도 못 건드렸대. 근데 그 언니들이 또 워낙에 예쁜 걸로 유명해서.. 그래서 더 저 오빠 뺏는 거에 경쟁 붙는 거 같아. 셋이 같은 독서실 나왔다고 했는데... 춘추 독서실이래나 그래서 춘추파라고 불러! 근데 셋이서 삼각관계인지 뭔지, 맨날 붙어만 다니고 둘 중 아무하고도 안 사귀고 그냥 그러고 지낸대.

`신입생 2` 것봐! 뭔가 문제가 있는 거라니까?

`신입생 1` 아냐. 자인이 언니는 다른 남자들이랑 썸 계속 타면서도 계속 주나라 오빠 못 잊어한대...

`신입생 2` 뭐야, 자인이라는 언니가 혼자 짝사랑하는 거야? 그 다미라는 사람은 뭐야 그럼?

`신입생 1` **다미 언니는 완전 자유로운 영혼에 화장도 잘** 안 하고 레깅스에 티셔츠 같은 것만 입고 다니는데, 필라테스를 한대나 요가를 한대나 여튼 몸매 짱이고, 뭐 사실 학교도 잘 안 나오고 취업 포기한다고 하기도 하고 좀 미스터리한 언닌데 후배들한테 엄청 잘 해줘서 따라다니는 애들이 많은데... 근데 은근 혼자 다니더라. 연애엔 좀 관심 없는 것 같기도 한데 근데 주군 오빠랑은 잘 지냈대.

`신입생 2` 그럼 자인 언니는 어떤 스타일인데?

`신입생 1` **자인 언니는 모범생 스타일에 예의** 바르고 되게 칼 같은데 거의 항상 정장처럼 깔끔하게 입고 다니거든. 가까이 가기 힘들 거 같다가 막 어려운 후배들 은근슬쩍 도와주고 힘든 일 있으면 나서서 총대 매는 반전 스타일... 주군 오빠도 자인 언니 좋아한다고 하는데, 결국 사귀지는 않은 거지. 나는 좀 다미 언니가 더 멋있다고 생각하기는

하는데 자인 언니 팬클럽도 꽤 많아..

신입생 2 뭐야? 넌 뭘 그렇게 잘 알아.

신입생 1 나 그 언니들이랑 같은 동아리잖아.

신입생 2 아, 그 자기 계발 동아리? 그거 말만 자기 계발 동아리고 연애 동아리라며, 맨날 서로 소개팅 시켜주고 무슨 할리우드처럼 서로 사귀었다가 헤어졌다가 한다는 동아리?

신입생 1 아 누가 그래, 그런 거 아니라니까, **나 자신을 다스려서 세상에 평화를 가져오자!!** 뭐 이런 거라니까? 진짜 자기 계발 열심히 해! 서로 취미 활동 도와주고 봉사도 하러 다니고 취업 준비, 스펙 쌓기도 하고 그런단 말이야! 이 동아리를 그 셋이서 만든 건데, 그 셋이 다 워낙에 인기가 많아서 관심 있는 사람들이 다 동아리 들어와 가지고 그래서 그런 소문이 난 거야. 글고 뭐 주군 오빠가 다미 언니랑 사귀는 거 아니냐? 아니다, 자인 언니랑 사귀는 거 아니냐? 자꾸 헛소문이 나서 그렇지 그냥 보통 동아리랑 다를 바 없어. 아니 그리고, 원래 동아리에서 연애 하는 거지 그럼 동아리에서 자기 계발만 하니? 그리고 뭐, 자기 계발에 연애도 들어갈 수도 있지!

신입생 2 뭐야, 적어도 너는 목적이 연애인 게 맞네. 그것도 저... 누구? 주나라라고 하더니 왜 또 주군이래? 그 오빠 꼬시겠다는 거 아냐 지금..

신입생 1 원래 이름은 주나라인데, 언니들이 주군이라고 불러. 너무 멋있지 않냐? 별명도 무슨... 왕 부르는 거처럼~ 주군! 주군!!

신입생 2 난리 났네! 야 그렇게 4-5년씩 붙어 다닌 언니들이랑도 안 사귄다는데 그 오빠가 뭘 보고 너랑 사귀냐?

신입생 1 아냐, 내가 쟁취할 거야! 내가 외모고 내숭이고 다 갈고 닦아서... 언니들 어떻게 하는지 가만히 지켜보고, 배울 거 배우고 버릴 거 버려서... 내가 해낸다 반드시. 어차피 언니들은 이제 졸업이야! 나는 주군 오빠랑 학교에서 보낼 시간이 많다고!

신입생 2 야, 진한비, 정신 차려. 니가 좋아하는 주군님 지금 언니들 찾으러 가시는 거 같다 야!

이다미는
자유로운 영혼이다...?

주군　　다미 누나! 오랜만이야. 와, 이 동아리방 얼마만에 오는 거냐..

이다미　　오오 주군!! 돌아왔구나!! 뭔가 외국물 먹은 느낌 나는데? 오지로만 다녔니 연락도 잘 안 되고..

주군　　왜 이래, 그래도 최대한 연락 자주 하려고 한 건데. 자인이는?

이다미　　들어오자마자 자인이 찾니?

주군　　아니 동아리방만 오면 맨날 있었으니까 그렇지, 우리 셋이 그냥 죽치고 있었잖아.

이다미　　그래 **춘추독서실 삼인방**, 나 재수하고 너희 고3일 때부터 같은 독서실 다니면서 셋이 맨날 붙어 다녔지... 어쩌다가 대학까지 같이 왔냐?

주군　　왜 이래, 좋다고 동아리 같이 할 때는 언제고, 아니 그래서 자인이는?

이다미　　자인이 요즘 잘 안 나와, 걔는 뭐 임용고시도 준비하고 또 다른 것도 엄청 바빠, 걔가 전부터 하던 독서클럽 있잖아, 그게 이제 거의 동아리에서 독립되다시피 해서.. 거기 애들이 자인이 거의 교주처럼 모시면서 맨날 몰려다녀.

주군　　아, 독서클럽 애들... 그래 거기 얘기 자주 하긴 하더라. 아니 근데 누나도 뭐 따로 하는 거 있다면서, 웰빙한답시고 체조 하고 그런다고...

이다미　　야 무슨 체조야! 명상 모임이라니까. 신체적인 게 중요한 거는 아니고, 마음을 키우자는 건데 그냥 하다보면 신체가 따라서 건강해진다 뿐인 거지. 요가도 하고 명상도 하고 같이 책도 읽고 그래. 그냥 내 마음부터 잘 챙기자 이거지 뭐. 독서클럽처럼 하드코어한 건 아니고.

주군　　그래그래, 그래서 누나 지지하는 애들도 장난 아니었잖아, 지금도 뭐 동아리방은 누나가 딱 차지하고 있는 거 보면...

이다미　그거야 내가 그냥 편하게 해주니까 그러지, 이래라 저래라 이런 말 별로 없어. 자기 계발이라는 게 자인이가 주장하는 것처럼 그렇게 꼭 미래를 준비하고 공부를 하고 그러는 거 아니어도 되지 않아? 그래도 대학 다니는 동안에는 좀 쉬고 놀고 그러는 것도 자기 계발인 거지, 뭘 그렇게 매주 모여서 책을 읽고 토론을 하고 각 잡고 앉아서 말이야..

주군　어, 이거 뭔가 갈등이 느껴지는데? 둘이 싸우기라도 했어?

이다미　아니 뭐 나랑 자인이랑 싸운 건 아니지만, 여튼 너 없는 동안 여러 가지 일이 좀 있었어...

주군　뭐야, 안 좋은 거야? 싸웠어? 누나가 뭐라고 했어?

이다미　야! 너는 무슨 알지도 못하면서 무조건 내 탓부터 하니? 서운하다!

주군　아니 솔직히 둘이 좀 라이벌 관계 같은 거 있긴

31

했잖아 전에도... 아무래도 자인이가 후배들 몰고 다니고 봉사활동 하자느니 이러는 거가 다 누나 따라하는 거 아니냐고 이런저런 말도 돌았었고.

이다미　따라하기는 개뿔 그런 말은 누가 하는 거야 대체.

주군　뭐 누나 추종세력들이 하는 말이겠지... @Sama_1000 그 친구가 트위터에 맨날 최근 가십 올리잖아, 사기 같은 썰 잘 푸는 친구.

이다미　아 그래, 걔가 공자인이 다 **이다미한테 배운 거라느니 그런 식으로 말하긴 했지, 독서실에서 내가 가르침을 전파했다느니...** 그래도 걔가 자인이 얘기도 엄청 열심히 했다... 다른 과 얼짱 애들이랑은 차원이 다르게 공들여서 자인이 후배들 얘기까지 다 퍼나르고 말이야...

주군　여튼 얘기 좀 해봐, 자인이랑 통화도 틈날 때마다 하긴 했는데 뭔가... 자기 얘기는 잘 안 하고 후배들 얘기만 줄줄이 해서.

이다미　그래, 그 동안에 자인이한테 무슨 일이 있었냐면...

공자인은 연애를
글로 배웠다

이다미   너 없는 동안에 자인이가 썸을 백 번은 탄 거 같아, 진짜 남자를 끝도 없이 만났어.

주군   진짜? 걔 뭐 자기는 연애에 목매지 않는다고 초연하다느니 그러더니. 뭐 자기 자신을 긍정하고 사랑하는 것이 먼저라고 남자 친구는 나중에 생기면 생기는 것일뿐~ 걔 맨날 그러잖아.

이다미   아니 맨날 말로는 연애가 목적이 아니라고 하지, 그런데 우리 동아리가 좀 인기가 많았잖아, 또 자인이가 예쁘기도 하니까... 새로 남자애들 들어올 때마다 분위기가 묘해져서...

`주군`　　근데? 남자친구 생겼다는 말은 한 번도 없었는데? 나한테만 말 안 한 건가?

`이다미`　　뭐 좀 묘해졌다가 또 얼마 있으면 분위기 싸해져서 금방 그만두고 또 그만두고...

`주군`　　뭐가 문제래, 맘에 안 들었대?

`이다미`　　왜, 역시 자인이는 너 아니면 안 된다거나 이런 말 듣고 싶어? 어차피 걔 너랑도 썸만 타고 안 사귀었잖아, 걔 눈이 얼마나 높은데.

`주군`　　왜, 내가 뭐 어때서?

`이다미`　　너 자인이가 왜 자기 계발 동아리 만들었는지 기억 안나?

`주군`　　아니 뭐 인생의 목적은 역시 자기 자신을 완성하는 거래나...... 걔는 맨날 그런 말하잖아?

`이다미`　　아니, 그건 나도 그렇게 생각하지. 근데 나는 자기완성은 그냥 자기 혼자 하는 거라고 생각한단 말이야. 근데 걔는 뭐 자기 완성을 통해서 타인을 돕고 사회에 평화를 가져온대나 뭐 그러잖아. 그래서 연애도 진정한 사랑

을 할 줄 아는 완성된 인간을 만나서 다른 사람들에게도 더 많은 영향을 미치고 무슨 타의 모범이 되는 커플을 이룰 거라나.

주군　아.... 이런. 나는 진정한 사랑 아직 몰라서 개랑 못 사귄 건가보네.. 타의 모범이 안 되는 건가..

이다미　아니 뭐 그렇다고 니가 적극적으로 대시한 적이 있냐면 그것도 아니잖아, 왜 이래?

주군　뭐 그것도... 그렇긴 하지만, 이제 전역도 했고 돌아다닐만큼 돌아다녔고.. 자인이 졸업하기 전에 뭔가 해볼라고 생각도 하긴 했는데...

이다미　진심이야? 천하의 주군이 누구랑 사귄다고?

주군　왜, 누나한테 차였다고 내가 평생 아무랑도 안 사귈 줄 알았냐?

이다미　내가 널 찼다고? 아닌데?

주군　무슨 소리야, 누나가 나 찬 거 맞잖아.

이다미　아닌데, 나는 그냥 연애라는 게 굳이 사귀자는 말을 하고 해야 하는 것이냐, 사람이 한 사람과 약속을 하고 그 사람에게만 마음을 주겠다는 것이 가능하냐 정도...

주군 흠, 나는 그렇게 이해 안 했는데, 누나는 나한테 전적으로 마음 주기는 싫지만 나는 누나한테 충성하면 좋겠다 이런 얘기 아니었어?

이다미 뭐 니가 그렇게 이해하고 싶으면 그럴 수도... 나는 그냥 니가 자인이도 계속 만나고 동아리 활동도 열심히 하고 그러는 건 너무 마음이 번잡하지 않겠냐 이런 거였지.

주군 누나는 되게 자유로운 영혼인 거 같다가도 알고 보면 엄청 통제하려고 들고 말이야. 누나가 그런 식으로 애매한 태도를 보이니까 누나한테 훅 가서 목숨 거는 남자들이 많은 거는 아닌데, 나는 누나를 좀 너무 잘 알고 있는 거 같네?

이다미 그냥 아무 것에도 얽매이지 않는 인생이 제일 좋다 이런 거지 뭐. 내가 무슨 의도를 가지고 그 친구들한테 그러는 건 아니야~

주군 아 이 얘기는 그만하고, 그래서 자인이는 어떻게 됐는데?

`이다미`　뭐 하도 들어오는 애들마다 자인이랑 엮이니까 싫어하는 애들도 있었어. 자인이 언니가 일부러 저러는 거냐 아니면 진짜로 인기가 많아서 저러는 거냐 묻는 애들도 있고.

`주군`　그래서...?

`이다미`　솔직히 자인이가 적극적으로 괜찮은 남자 찾아다닌 건 사실이었는데, 그렇지만 당연히 자인이가 예쁘기도 하고 착하기도 하고 뭐 다 괜찮으니까 남자애들도 다 받아준 거 아니겠어? 뭐 적어도 자인이 좋아하는 애들은 그런 식으로 쉴드 쳐줬지..

`주군`　아니 근데 다들 뭐가 문제였대?

`이다미`　자기 계발 동아리라는 게 되게 두루뭉술한 거기도 하고, 사실 물 좋다고 소문나서 들어오는 애들도 많았잖아, 그냥 인맥 쌓으려는 애들도 많았고. 근데 정말로 자인이는 인격에 하자가 있거나 예의가 없으면 안 만나겠다고 해서...

`주군`　아이고 그래서 여럿 떨어져 나갔겠네.

`이다미`　처음에는 올인하고 바로 사귈 것처럼 대시하다

가 자인이 하는 거 보더니 자꾸 간만 보려고 들어서 자인이가 바로 찬 애들도 있고..

지난번에 무슨 준재벌급 아들이 자인이랑 사귄다고 온 동네 선언했다가 새로 나온 걸그룹 콘서트를 삼일 내내 '올콘' 뛰느라 뭐 기말고사도 안 봤대나 그런 걸 보고 정떨어졌다고 헤어졌고, 또 정치학과 얼짱이라는 남자애가 동아리 들어와서는 다짜고짜 이 동아리 예쁜 여자애들부터 알려달라고 해서 그럴 거면 나가라고 한 애도 있었고 뭐...

주군　　　아이고.. 대체 그런 일이 얼마나 간 거야...

이다미　　아니 지칠만 했는데도 정말 끝도 없이 남자를 만나다가, 우리가 이러다가 전국대 모든 과마다 하나씩은 만나겠다고 할 정도였어. 근데 또 걔 친구들이 걔를 엄청 부추겨, 자인이만큼 괜찮은 애가 어딨냐, 그런 애가 솔로로 지내는 거는 진주를 땅에 묻어두는 거 같은 셈이래나 뭐 괜찮은 남자 못 만날 리가 없다, 이러면 또 자인이가 자기는 절대로 눈을 낮추지 않겠다느니 아주 그냥...

주군　　　요즘도 계속 그래? 나도 걔 소개팅 해줘야 하나...

이다미　　마음에도 없는 소리 하지 말고. **걔 요즘은 거의 포기하고 은퇴**한 거 같더라.

`주군`　　은퇴는 뭐야?

`이다미`　　요즘은 거의 소개팅은 그만두고, 이제 그 북클럽 후배들 연애상담 엄청 해줘. 근데 그것도 웃기지 않냐, 자기도 연애를 제대로 안 해봤는데 무슨 연애상담이야... 근데 여자남자 할 거 없이 후배들이 바글바글 모여들어서 맨날 걔랑 책 읽고 연애 얘기하고...

`주군`　　아니 대체 글로 배운 연애로 누굴 가르친다는 거야... 걔도 참 큰일 났네...

공자인의 글 속
고전 이야기 1

공자의 정치인생 1

공자는 소위 '흙수저' 출신으로, 벼슬에 나서기 위해 여러 나라를 돌아다니며 유세했으나 원칙주의적인 성격 탓에 쉽게 자리를 구하지 못하고, 자리를 구한 경우에도 오래 유지하지 못했다.

한편 공자가 통치자들을 적극적으로 찾아다니며 세상을 바꾸고자 하는 것에 대해 권력을 추구한다고 비난하는 이들도 있었으나, 제자들은 공자처럼 인격적으로 완성된 사람이 정치에 참여하려고 하는 것은 의도부터 좋은 일이며 긍정적이라고 두둔하였다. 다음 인용문이 한 예다.

뭐 적어도 자인이 좋아하는 애들은 그런 식으로 쉴드 쳐줬지.. (p. 37)

자금이 자공에게 물었다. "선생님께서 이 지역에 오시면 반드시 정사에 참여하실 것이니, 선생님께서 찾아가시는 것입니까, 아니면 그쪽에서 찾아오는 것입니까?"

자공이 말하였다. "선생님께서는 온화하고 선량하며, 공손하고 검소하며, 사양하여 얻게 되시는 것이니, 선생님께서 이를 찾아 나선다면 다른 이들이 찾아나서는 것과는 다르지 않겠는가?"

– 《논어》 〈학이〉 10

근데 정말로 자인이는 인격에 하자가 있거나 예의가 없으면 안 만나겠다고 해서... (p. 37)

자인이 인격적으로 문제가 있거나 예의가 없는 남자친구를 만나지 않겠다고 한 것은 공자가 벼슬을 찾지 못하고 여러 나라를 떠돌아다니게 된 것을 표현한 것이다. 공자는 한 나라의 재상이 되어 자신의 사상을 통해 백성을 풍요롭게 하고 교화하기를 꿈꾸었다. 그러나 자신을 등용하고자 하는 자가 있더라도 그에게 도덕적으로 문제가 있어 보이면 애초에 거부하거나 곧 그 나라를 떠났다. 정치란 곧 통치자가 먼저 올바를 때에만 이루어질 수 있다고 생각했기 때문이다. 사마천의 《사기》에 기록이 남아있고, 《논어》에도 이와 연관된 구절이 여럿 보인다.

처음에는 올인하고 바로 사귈 것처럼 대시하다가 자인이 하는 거 보더니 자꾸 간만 보려고 들어서 자인이가 바로 찬 애들도 있고.. (p. 37)

제나라 경공이 공자를 대우하면서 "계씨 정도 수준으로는 모시지 못하지만 계씨와 맹씨의 중간쯤으로는 모실 수 있습니다."라고 했다. 그러더니 "내가 나이 들어서 당신을 등용하지 못하겠습니다."라고 하니, 공자가 떠났다.

— 《논어》 〈미자〉 3

지난번에 무슨 준재벌급 아들이 자인이랑 사귄다고 온 동네 선언했다가 새로 나온 걸그룹 콘서트를 삼일 내내 '올콘' 뛰느라 뭐 기말고사도 안 봤대나 그런 걸 보고 정떨어졌다고 헤어졌고, (p. 38)

제나라 사람들이 노나라에 여자 악사들을 보냈는데 계환자가 받아들이고는 삼일 동안 조정을 돌보지 않으니, 공자가 떠났다.

— 《논어》 〈미자〉 4

여자 악사를 보냈다는 것은 공자가 정치에 참여하는 동안 계환자가 옳은 길로 인도되는 것을 질시하여, 미인계로 유혹하여 정치에 관심을 잃도록 하기 위한 것이라고 해석한다. 계환자는 뒤에 나오는 계강자의 아버지다.

정치학과 얼짱이라는 남자애가 동아리 들어와서는 다짜고짜 이 동아리 예쁜 여자애들부터 알려달라고 해서 그럴 거면 나가라고 한 애도 있었고 뭐... (p. 38)

위령공이 공자에게 군대의 진법에 대해 물었다. 공자가 "제사 지내는 일에 대해서는 들어봤습니다만 군사에 대해서는 공부한 바가 없습니다." 라고 대답하고는 다음날 바로 떠났다.

-《논어》〈위령공〉1

위령공이 도덕군자로 알려진 공자를 불러놓고 다짜고짜 전쟁하는 법에 대해 이야기하는 것이 불쾌하여 공자가 떠난 것이다. 이를 사랑의 비유로 전환하자면 성격은 따지지 않고 외모만을 밝히는 것과 유사하다.

공자의 제자들은 이렇듯 공자가 좋은 자리를 얻지 못하고 계속 떠도는 것을 안타까워하기도 했다.

그런 애가 솔로로 지내는 거는 진주를 땅에 묻어두는 거 같은 셈이래나 뭐 괜찮은 남자 못 만날 리가 없다. 이러면 또 자인이가 자기는 절대로 눈을 낮추지 않겠다느니 아주 그냥.. (p. 38)

자공이 말하였다. "여기에 아름다운 옥이 있다면 궤짝에 넣어서 감추시겠습니까? 좋은 값을 찾아서 파시겠습니까?" 공자가 말하였다. "팔아야지! 팔아야지! 나는 좋은 값을 기다리는 사람이다."

-《논어》〈자한〉13

자공은 공자가 정치에 참여하지 않는 것에 대해 비판하며 아름다운 옥과 같은 공자가 어찌 궤짝에 넣어 감춘 것처럼 제자들만 가르치고 있는가 물은 것이다. 공자가 좋은 값을 기다린다고 한 것은 자신의 가치를 알아주어 올바른 정치를 펼칠 훌륭한 군주를 기다리고 있다고 답한 것이다.

요즘은 거의 소개팅은 그만두고, 이제 그 북클럽 후배들 연애상담 엄
청 해줘 (p. 39)

수년 간의 유세에도 마음이 맞는 통치자를 찾지 못한 공자는
곧 세상이 자신을 알아주지 않음을 받아들이고 고향인 노나라
에 정착하여 제자들을 가르친다. 제자들에게도 벼슬을 하는 것
이 곧 목적이 되어서는 안 된다고 말하지만, 수양을 하다보면 벼
슬자리에 나가기도 하고, 그런 경우에는 적극적으로 약자를 돕
는 일을 해야 한다고 가르쳤다.

II.
공자인이 꿈꾸는
진정한 사랑

진정한 사랑이란
위선 없는 배려

주군 자인아 강의 끝났어? 술 한 잔 해야지 우리.

공자인 주군!!! 아 너무 반갑다!! 너 입국하는 날 다미 언니랑 공항 가려고 했는데 시간이 잘 안 맞아서, 여튼 그렇게 됐어...

주군 아 진짜? 올 생각을 했었어? 야 말만 들어도 감동이다.

공자인 너한테 그 정도는 해줄 수 있지, 우리가 같이 한 세월이 얼마야...

주군 다미 누나 방금 보고 왔는데 그런 말 없었는데...

공자인 　아 그 언니 항상 그러잖아, 있던 일도 없던 것처럼, 확실하게 말도 안 하고... 같이 가기 싫다는 말을 안 해서 나는 당연히 간다는 줄 알았지, 근데 막상 날이 되니까 자기는 잘 모르겠다면서... 굳이 왜 남들 입에 오르내릴 일을 하냐는 거야. 착한 척한다고 할 사람도 있을 거고, 둘이 사귀냐고 하는 사람도 있을 거라면서. 아니, 그게 무슨 상관이야? 결국 중요한 건 우리가 가서 니가 반가울 거냐 아닐 거냐, 그거밖에 없잖아? 나 같으면 그렇게 오래 출국했다가 돌아왔을 때 누가 데리러 오면 좋겠구만!

주군 　워워! 안 그래도 술 한 잔 하면서 무슨 일 있었는지 물어보려고 했더니!

공자인 　술 마실 필요도 없어, 동아리 사람들 다 알아, 우리 싸운 거.

주군 　아니 동아리 사람들이 다 알 정도라니, 대체 뭐가 어떻게 됐길래?

공자인 　지금 완전 다미파 자인파 양쪽으로 나뉘었을 걸? 아니 솔직히... 정말 그 동아리는 그래도 우리가 열심히 해서 후배들 자아 실현에 도움이 되자는 목적으로 만든 거잖아, 니가 더 잘 알잖아? 아니, 다미 언니도 완전히 잘 알잖아?

`주군`   그치 그래, 알지...

`공자인`   그래서 젊은 남녀 모이면 연애 열심히 하고 사귀다 헤어지고 다른 사람 다시 사귀고 그러는 것도 자연스러운 일이잖아? 물론 연애 자체가 목적이면 곤란하지, 결국 중요한 건 자신의 진심이지, 더 나은 자아의 완성, 내가 사회에 어떤 선한 영향을 미칠 수 있는가, 응?

`주군`   알았어 알았어, 그거 다 알지!

`공자인`   그래 근데 어쨌든 학교에서 여기가 자기 계발 동아리가 아니라 아예 연애 동아리냐, 연애하려고 만들었냐, 취업 때 스펙 한 줄 넣으려고 이름만 자기 계발 동아리 아니냐 그런 소리 많이 듣는 건 나도 알고 있고, 그렇지만 어쨌든 우리는 진실한 마음으로 활동을 계속하면 되는 거 아니냐고... 아니 그래서 내가 봉사활동 클럽을 하나 만들자고 했어, 고아원이랑 양로원 같이 소외된 계층을 지원하는 모임을 하면...

`주군`   어.... 그래, 그래... 자기를 돕고 가족을 돕고 사회를 돕자, 그게 항상 너 모토잖아.

`공자인`   그래! 내 말이!! 근데 다미 언니는 봉사활동이라는 건 결국 스펙 쌓기에 불과하다는 거야. **어차피 사람은**

다 이기적이고, 원래 뭐든지 먼저 주고 나서 뺏는 게 편하기 때문에 봉사활동이든 뭐든 하려는 거라고! 자기가 원하는 게 있으니까 봉사한답시고 나오는 거지, 진심으로 타인을 위해서 봉사를 하는 게 어딨냐면서, 어차피 동아리원들도 다 의도하는 바가 있어서 우리 동아리에 들어온 거고 자기는 아무도 안 믿는대.

주군 　아.... 그래, 그 누나 성격에는... 그렇게 생각할 수도 있지...

공자인 　아니 그래, 그럴 수는 있다고 쳐. 근데 그래서 결과적으로 자기는 봉사고 뭐고 안 하는 게 더 순수하다고 생각한다는 거야. 그냥 나서지 않는 게 제일 좋은 거래. 괜히 오바 떨면서 뭐 목적의식 갖고 열심히 하는 것도 다 부질없다면서, 봉사 활동이고 후배들 상담이고 결국은 욕먹게 돼있다면서, 그러니까 의도가 좋았건 나빴건 간에 그냥 뭔가 하려고 하지 말고 물러나서 가만히 있으래.

주군 　그... 누나 입장에서는 너를 생각해서 한 말인데...

공자인 　아니 근데 그래서 결국 봉사를 하지 않는 쪽이 낫다는 게 말이 돼? 봉사는 그렇다고 치고 다른 스펙 쌓기, 창업 활동, 기타 등등 다 마찬가지로 별로 관심 없잖아, 그 언니. 후배들한테 살살 웃으면서 세상은 원래 다 험한 거니까 아무 것도 기대하지 말고 절대 자기 견해 강하게 드러내지도 말라느니 그런 말이나 하고 다니고... 동아리 들어온 애들이 자기 계발이랍시고 뭔가 적극적으로 할 생각을 안 하고 다 몸만 사려! 자기들끼리 몰려다니면서 자인 언니는 무슨 의도로 봉사를 저렇게 열심히 하는지 모르겠다느니, 누구한테 잘 보이려고 그러냐느니, 사사건건 토를 다니까 이제 내가 불편해서 동아리방을 못 가겠고...

주군   아니... 다미 누나가 그런... 의도로 그러는 건 아닐 텐데...

공자인   아 그래, 그 언니 의도가 나빴다고 말하려는 거는 아니야. 결과적으로 그렇게 됐다는 거지. 그리고 절대로 그 언니는 자기 입으로 의도가 있었다고는 안 하겠지. 그 언니는 일부러 나서서 잘해주는 사람은 꿍꿍이가 있을 수도 있으니까 조심하고, **나처럼 나서서 오지랖 떠는 사람은 욕먹을 수도 있으니까 조심해라,** 뭐 이런 말을 하고 싶은 거겠지.

주군   그래, 그렇지, 그리고 그 말도 일리가 있잖아, 너처럼 살면 피곤하기는 하지, 구설수에도 계속 오르기도 하고..

공자인   그렇지, 우리가 1–2년 같이 지내는 것도 아니고 다 알지, 그렇지만 결국은 누구를 도울 거냐 마냐, 행동을 할 거냐 마냐, 선택은 둘 중 하나잖아. 나는 귀국하는 날 공항에 가고 싶었어. 그거는 **의도가 뭐였던 간에, 니가 좋아할 거 같으니까, 그리고 나 같아도 누가 앞에 와주면 좋을 것 같으니까, 내가 좀 힘들어도 그렇게 하려고 하는 거란 말이야.** 그 사람 감정을 내 감정처럼 생각하고, 내가 그런 경우라면 누가 이렇게 해줬으면 좋겠다 싶은대로 하는 거, 그런 거가 우정이고 사랑인 거 아냐? 굳이 너를 감동시켜서 너를 꼬셔보겠다거나 뭐 대단히 훌륭한 친구로 소문 나 보고 싶다거나 그런 거 아니었단 말이야.

주군 　　아니, 나도 알지! 그리고 다미 누나가 그런 의심 하는 것도 아니라고!

공자인 　　그래, 근데 그런 소리를 혹시라도 들을까봐, 어디 가서 착한 척한다는 소리 들을까봐 무서워서 차라리 아무 일도 안 하겠다, 제일 친한 친구지만 중요한 날에 데리러도 못 가겠다, 스펙 쌓느라고 오바한다는 소리 듣기 싫어서 봉사활동도 안 하겠다, 나를 싫어하는 건 아니지만 나싫다는 사람들한테 걔 그런 애 아니라는 두둔은 편 든다는 소리 들을까봐 못하겠다, 이런 거는 나는 이해할 수가 없단 말이야.

주군 　　그래... 그건 니 성격상... 그건 또 이해가 가고...

공자인 야, 니가 황희 정승이냐? 다미 언니도 이해가고, 나도 이해가고? 너도 이제 이럴 수도 있지 저럴 수도 있지 그만하고 어느 쪽인지 입장을 밝혀야 해! 이게 욕을 먹더라도 봉사를 할 수도 있다, 아니다 욕 먹으려면 안 할 수도 있다, 둘 중 하나밖에 없어 이제!

주군 뭐야, 나보고 다미 누나냐 너냐 선택하라는 거야?

공자인 태도를 결정하라는 거지, 사람을 고르라는 게 아니라! 그냥 유야무야 좋은 게 좋은 거고 이것도 괜찮고 저것도 괜찮고, 그러니까 니가 모자랄 거 하나도 없는데도 아직도 모쏠인 거 아냐, 우유부단 하니까!

주군 오오, 나 모자랄 거 하나도 없다고 생각하는 거야 공자인? 너의 고매한 이상형에는 안 맞잖아 나?

공자인 아휴우... 거의~ 거어어의~ 완벽하지 너는.

주군 왜, 왜, 나 뭐가 하나 모자란데? 응?

공자인 우유부단한 거라니까?!! 결정을 하라고!!

주군 아..... 그건.... 어렵네....

공자인 　아 그러니까 우리가 딱 여기까지인 거라니까?!! 이제 다시는 너 괜찮지 않냐느니 사귀면 어떻냐느니 농담도 하지 마!! 그냥 다른 사람 소개해줄 테니까, 다른 사람 만나, 알았어? 너랑 나랑은 남사친 여사친 딱 거기까지라고!!

공자인의 글 속
고전 이야기 2

유가와 도가의 갈등 1

《도덕경》은 정확한 저자를 알 수 없을뿐더러, 한 사람의 동일한 저자가 쓴 것이 맞는지도 알 수 없고, 또한 여러 가지 의미로 해석이 가능한 시처럼 함축적인 언어로 이루어져 있다. 그러므로 단순히 무위자연을 설파했다거나 제도에서 벗어난 자유로운 삶을 추구했다고만 보기에는 애매한 문장이 많이 들어있다.

물론 자연 그대로의 삶을 긍정하는 요소들 또한 발견되는 것이 사실이지만, 타인에게 최대한 자신의 의도를 숨기는 것으로 우위를 점하고, 겸허한 모습을 보이는 것으로 힘을 차지할 수 있다는 처세술적인 지혜를 전달하는 모습도 발견할 수 있다.

대표적인 예시는 죽간본에는 없지만, 도가 사상의 일부로 여겨진지 오래인 36장이다.

진심으로 타인을 위해서 봉사를 하는 게 어딨냐면서, 어차피 동아리원들도 다 의도하는 바가 있어서 우리 동아리 들어온 거고 자기는 아무도 안 믿는대. (p. 51)

"움츠러들게 만들려면 반드시 펼쳐주어야 하며, 약하게 하려면 반드시 강하게 해주어야 하며, 없애려고 하면 반드시 먼저 흥성하게 해 주어야 하며, 빼앗으려 하면 반드시 주어야 한다. 이것을 일러 은미한 밝음이라 한다. 부드럽고 약한 것이 굳세고 강한 것을 이긴다. 물고기를 연못에서 벗어나게 해서는 안 되고, 국가를 통치하는 도구를 사람들에게 보여줘서는 안 된다."

– 《도덕경》 제36장

상대를 약하게 만들거나 상대의 것을 빼앗기 위해서는 먼저 상대를 강하게 해주거나 먼저 베푸는 모습을 보여야 한다는 주장은 애초에 아무 것도 갖지 않은 자에게는 뺏을 수도 없기 때문이기도 하지만, 먼저 베푼 사람에게는 고마운 마음을 갖기 때문에 그만큼 쉽게 빼앗을 수 있기 때문이기도 하다. 그렇다면 누군가가 친절을 베푼다면, 이후에 그에게서 더 많은 것을 빼앗아가려는 의도를 감추고 있는 것일 수도 있다. 그러나 이러한 의도가 겉으로 드러난다면 친절이 친절로 받아들여지지 않으므로 애초의 의도를 이룰 수 없다. 그러므로 빼앗기 위해 베푸는 것은 숨겨야 하는 의도이고, 이렇게 나라를 통치하는 비밀스러운 도구는 백성들에게 드러내 밝혀서는 안 되는 것이다.

이렇게 자신의 의도를 숨기는 처세술은 상대방을 사랑하는 인仁의 마음을 가져야 한다는 유가의 태도와는 맞지 않는다.

인과의 태도 차이는 다음 장에서 더욱 깊이 있게 설명된다.

봉사 활동이고 후배들 상담이고 결국은 욕먹게 돼있다면서, 그러니까 의도가 좋았건 나빴건 간에 그냥 뭔가 하려고 하지 말고 물러나서 가만히 있으래 (p. 51)

"최상의 덕은 자신을 덕이라고 여기지 않으니, 그래서 덕이 있는 것이다. 그 아래의 덕은 자신의 덕을 잃지 않으려 하니, 그래서 덕이 없는 것이다. 상덕은 무위無爲하며, 행위의 목적이 없다. 하덕은 유위有爲하며, 행위의 목적이 있다. 최상의 인은 행위하지만 의도는 없고, 최상의 의는 행위를 하며 의도도 있다. 최상의 예는 행위 하면서 반응이 없거든 팔을 잡아 당긴다."

– 《도덕경》 제38장

상덕은 자신이 덕이 있음을 의식하고 있지도 않고, 타인에게 칭송을 듣거나 주목을 받으려는 일말의 의도가 없으므로 어떠한 행위도 없다. 하덕은 덕 중에서 하위인데, 덕이 있는 좋은 행동을 하지만 그 이면에 자신의 덕을 의식하고 또한 칭송을 들으려는 의도 또한 있는 것이다. 그러나 노자가 설명하는 덕에는 의식하지 않으면서 행위하는 옵션은 없다. 이는 곧 유가의 덕목인 인

仁으로 넘긴다.

그 사람 감정을 내 감정처럼 생각하고, 내가 그런 경우라면 누가 이렇게 해줬으면 좋겠다 싶은대로 하는 거, 그런 거가 우정이고 사랑인 거 아냐? (p. 53)

　인仁은 순수한 상대방에 대한 호의로, 타인의 마음이 곧 나의 마음과도 같은 것으로 여겨 베푸는 것이다. 그러므로 먼저 베풀더라도 상대방의 것을 빼앗으려는 의도는 없음을 알 수 있다. 타인의 입장을 진심으로 고려하기 때문에 친절을 베푸는 인仁의 의미는 《논어》의 다음 인용문에서도 확인할 수 있다.

　번지가 …… 인에 대해 묻자, 다음과 같이 말하였다. "인한 자는 어려운 일을 먼저 하고 가져갈 것을 뒤로 돌리니, 인하다고 할 만하다."

― 《논어》 〈옹야〉 22

　공자가 말하였다. " …… 인이라는 것은 자신이 서고 싶으면 타인을 세워주고, 자신이 통달하고 싶으면 타인을 통달시켜주는 것이다. 가까이에 있는 것을 바탕으로 유추하여 깨달을 수 있다면 이것이 바로 인을 행하는 방법이라 할 수 있다."

― 《논어》 〈옹야〉 30

　이를 통해 인仁은 곧 자신의 마음을 미루어 타인도 비슷한 마

음일 것임을 짐작하고 타인이 원하는 바를 이루어주거나 힘들어

하는 바를 덜어주며 자신의 몫을 뒤로 하고 양보하려 노력하는

것임을 유추할 수 있다.

공자인에게 중요한 것은
하나 뿐...이다?

주군　아냐, 아냐, 아냐, 화내지 마. 그러지 말고 그러면 나한테 설명을 해봐. 니가 원하는 진짜 사랑이라는 게 어떤 건데? 어지간히 기준도 높으시니까 아직도 맘에 드는 애를 못 찾았겠지.

공자인　아니야, 내가 원하는 건 하나밖에 없어, 내가 하는 얘기는 다 한 가지로 수렴돼.

주군　진짜? 그게 뭔데, 책상 앞에 딱 붙여놓고 평생 외워야겠네...

공자인　그러니까 내가 생각하는 사랑이라는 건 배려야. 나 자신을 미루어서 남을 생각하는 거. 다른 사람을 대우

해주고, 그래서 내가 싫은 거는 남한테도 안 하는 거. 그런 기본적인 공감과 배려가 있는 거야.

주군　그건 간단하지가 않지. 사람마다 생각이 다 다르잖아. 내가 만약에 완전 나쁜 놈이야, 주변 사람들 다 무시하고 돈 많은 거 과시하는 거 좋아하고 이런 인간인데 애인 사귀면서 내 사랑은 내 애인이 다른 사람들 개무시할 수 있게 해주는 거다, 라고 한다고 하면 어떻게 해?

공자인　그러니까 나를 먼저 올바르게 가꾸는 거는 기본이고, 거기에서 출발하면 애인이 배고프지 않은지, 피곤하거나 아프지는 않은지 챙기기도 하면서 동시에 애인이 나쁜 길로 빠지지는 않는지, 성실하게 살고 있는지까지도 이끌 수 있는...

주군　아니, 근데 그건 진짜로 간단하지가 않잖아. 사람마다 다 다르잖아? 커플인데 남자애는 화가 나면 자기를 좀 내버려두면 좋겠다고 생각하고, 여자애는 화가 나면 자기한테 자꾸 말 걸어서라도 화를 풀어줬으면 좋겠다고 생각하고, 그러면 어떻게 해?

공자인　그래 뭐 생각이 달라서 의도하지 않고 상처를 줄 수는 있겠지. 그렇지만 적어도 나한테는 잘 해라, 그런데 나는 너한테는 막 하겠다 이러는 건 인간적인 기본이 안 된 거잖아. 아니면, 저 사람이 저걸 싫어하는구나, 라는 걸 알게 된 다음에는, 나는 싫은 일 당하고 싶지 않으니까 저 사람도 싫은 일을 당하고 싶지는 않겠지 라고 미루어서 생각할 수는 있잖아?

주군　　어... 그건 남친 여친 아니라도 지켜야할 기본 매너인 거 같은데.

공자인　　그래! 그치? 근데 막상 그게 제일 가까운 사람한테 지키기가 어렵다니까?! 예를 들면 부모님한테, 응? 짜증내기 엄청 쉽잖아, 그치? 너 여행 끝내고 돌아와서 엄마한테 어떻게 했어? 그 동안에 엄마가 너 연락도 제대로 안 되는데 걱정을 얼마나 하셨겠어, 그 마음 풀리도록 잘 해드렸어?

공자인의 글 속
고전 이야기 3

인과 배려의 덕목

공자가 내세운 대표 덕목은 보통 인仁이라고 한다. 그러나 대체 인仁이 어떤 의미인지에 대해서 공자는 명확하게 설명한 일이 없다. 제자들이 질문할 때마다 경우에 맞게 다른 답을 하기도 하였다.

그러나 인仁은 서恕, 즉 타인의 마음도 곧 내 마음과 같은 것으로 미루어 타인을 헤아리고 배려하는 덕목과 밀접한 연관이 있는 듯하다. 서恕는 자주 언급되는 덕목은 아니지만, 공자 자신이 최고로 중요한 덕목으로 추천한 바가 있다.

내가 원하는 건 하나밖에 없어, 내가 하는 얘기는 다 한 가지로 수렴
돼. (p. 61)

공자가 "삼(증자의 이름)아! 나의 도는 하나로 관통되어 있다."라
고 하니, 증자가 "네!"라고 하였다. 공자가 나가고 나자 제자들이
물었다. "무슨 말인가?" 증자가 말했다. "선생님의 도는 진심을
다 하고 남을 헤아리는 것[忠恕]일 따름이다."

— 《논어》〈이인〉 15

충忠과 서恕, 즉 진심을 다 하는 것과 남을 헤아리는 것은 두
가지 덕목인 듯 보이는데 왜 공자는 이를 하나라고 했는가 하는
질문에는 여러 가지 해석이 있다. 주희는 자신의 진심을 다 하면
남을 헤아리는 것은 당연히 따라나오는 것이기 때문에 이 둘은
하나인 셈이지만, 쉽게 설명하기 위해 목차를 나눈 것이라고 설
명한다.

증자뿐 아니라 제자 자공에게도 서恕를 주요한 가르침으로 뽑
았다.

책상 앞에 딱 붙여놓고 평생 외워야겠네.. (p. 61)

자공이 "평생 동안 행동의 기준으로 삼을만한 한 마디가 있습
니까?"라고 묻자, 공자가 "배려[恕]로다! 자신이 원하지 않는 바
는 남에게도 행하지 말라."라고 하였다.

— 《논어》〈위령공〉 24

내가 싫은 거는 남한테도 안 하는 거. 그런 기본적인 공감과 배려가 있는 거야. (p. 62)

중궁이 인仁에 대해 물으니, 공자가 말하였다. "대문 밖을 나설 때마다 큰 손님을 맞듯이 하고, 백성을 부리기를 큰 제사를 치르는 것처럼 하라. 자신이 원하지 않는 일은 남에게도 베풀지 말라. 동네에도 원망 받을 일이 없고 집안에서도 원망 받을 일이 없을 것이다."

―《논어》〈안연〉 2

이는 내 마음을 기준으로 타인의 마음을 헤아리는 서恕가 대가를 바라지 않는 이타적인 사랑인 인仁을 행하는 원칙으로 사용됨을 설명한 것이다.

사랑의 실천은
가까운 데서부터

주군　야... 갑자기 왜 이래, 니 사랑의 조건에 효도하는 것도 들어가?

공자인　아니, 뭐 그런 전통적인 덕목을 지켜라 이런 말하는 게 아니라, 지금 타인의 마음을 헤아리라는 얘기를 하고 있잖아? 너를 제일 사랑해주는 사람이 부모님이잖아, 그만큼 니 행동 하나하나에 부모님이 상처받을 수도 있고 걱정하실 수도 있는 거고. 그리고 너한테 제일 가까운 사람이니까... 결국 가까운 사람한테 잘 하는 사람이 애인한테도 잘 하는 거지, 공적인 장소에서만 젠틀하다가 친해지면 막말하는 애들은 다 필요 없어! 그러니까 부모님한테 잘 하느냐는 질문은 그렇게 **너를 사랑하는 사람의 감정에 대한 배려가 있냐,** 이런 얘기라고.

주군　엄마랑은 뭐 엄마가 해주는 밥 맛있게 먹는 것만 으로도 효도인 거 아냐? 너 또 나 기본도 안 됐다고 구박 하려고 그러지?

공자인　엇, 아닌데? 그거는 맞는 거 같아 주군!

주군　그... 그래??

공자인　어 사실 엄마한테 뭐 대단하게 용돈 드리고 명 품 사드리고 이러는 게 효도인 건 아니라는 거지. 엄마는 사실 니가 잘 있기를 바라는 거잖아, 그러니까 너 건강하 게 있는 거 알려드리고, 걱정 안 시키고, 엄마가 신경 써서 밥 차려주면 그것도 엄청 맛있다고 반응 잘 하면서 먹고, 그런 거가 결국 엄마 마음을 좋게 하는 거 아냐?

그런데 그게 여친이라도 마찬가지라는 거지... 남자친구 가 너처럼 막.. 막 해외에 무전 배낭여행 간다고 사라지고 이런다고 쳐봐. 걱정되는데 연락도 제대로 안 되고 노숙한 다고 하고 살아는 있는지 다치지는 않았는지 확인도 잘 안 되는데... 여자 친구 있을 때는 진짜 그렇게 멀리 가는 거 아니다, 적어도 가려면 연락이라도 잘 되는 데로 가든가! 톡이라도 자주 하든가, 응? 그렇게 마음 고생 시키고 돌아 와서 뭐 선물 사주고 명품으로 휘감고 그러면 그게 좋겠 니?

주군　　그…. 그게 어째 내 욕을 하는 거 같은 기분인데… 나는 여자 친구가 아직은 없었으니까.. 앞으로 잘 하려고… 근데 나 진짜 유럽에서 니 선물 사왔는데 정말 안 줘도 되는 거야?

공자인　　정말? 선물 사왔어?

주군　　것 봐, 선물 사왔다니까 바로 표정 변하는 거 봐.

공자인　　선물을 바란다는 게 아니라!! 그래서 그게 마음의 표현이냐고, 어?? 마음을 안 줄 거면 선물을 주든 말든 상관이 없다고!!

주군　　아 정말 사귀기도 전에.. 험난하다 이거.

공자인　　누가 사귄대?? 그렇게 막 1년씩 사라지고 그러는 배려 없는 남자 안 사귄다니까?!!

주군　　너는 지금 그래서 니 말만 그대로 듣고 너 하자는 대로 다 해줄 남자 원한다는 거 아냐, 나도 그렇게는 안 해!!

공자인　　아니 내가 언제 그랬어? 서로 잘못하는 거 있으면 지적하고, 더 좋은 길로 이끌려고 노력하고, 그래서 점

점 더 성장할 수 있는 관계, 그런 성숙한 연애를 지향한다고 나는! 그렇지만 **상대방을 올바른 길로 이끌려고 노력하는 순간에도 상대의 마음을 배려해서,** 마음 상하지 않게, 표정도 좋게 하고 말도 부드럽게 하고 말이야, 험한 말이나 상대를 무시하는 표현이나 이런 거를 쓰지 말아야 한다, 이런 거지.

상대방이 내 말을 들을만한 상황인가, 잘 봐서 좋은 말로 이끌어야 상대가 정말로 변화하는 걸 볼 수 있지, 그냥 버럭버럭 니가 이거 잘못했다 이런 말만 하는 거는 결국 상대방한테 화풀이하는 거밖에 더 돼?

`주군`　　그래서 잘못한 사람 눈치 보고 말 살살하라는 거야? 그러면 더 기고만장해지면 어떻게 해?

`공자인`　　아니, 그러니까 결국은 그 사람이 행동을 바꾸게 하는 게 목적이니까... 말을 듣고 행동을 고치고 싶은 생각이 들게 해야지, 기분 나쁘게 말하면 그게 되니?

`주군`　　야, 그런 얘기 하는 너는 지금 좋은 말로 하고 있다고 생각하냐? 나를 무시하는 표현이나 험한 말 안 쓰고 있어 지금?

공자인의 글 속
고전 이야기 4

효도란 무엇인가

　현대인이 유교의 덕목으로 떠올리는 가장 대표적인 것 중 하나가 효도일 것이다. 그러나 공자는 부모에 대한 무조건적인 복종이나 조건 없는 헌신을 요구한 것이 아니다. 부모는 내가 갓 태어나 몸도 가누지 못했을 때 나를 먹이고 키워준 존재이며, 혹시라도 내가 아프거나 어려운 일을 당할까봐 항상 걱정하는 분이다. 서恕의 원칙에 입각한 인仁의 실천은 그만큼 나를 걱정하고 위해주는, 내 삶에 가장 가까운 사람부터 적용되어야 한다. 그러므로 부모의 마음을 헤아리고 상처주지 않으려고 노력하는 것이 효도다.

　이 책에서는 연애 관계에 이를 적용시켜서 논의를 전개하고 있다. 공자는 부모와의 관계를 기반으로 다른 인간관계를 유추하라고 가르쳤지만, 현대인은 오히려 연애 관계를 기반으로 타인의 마음을 헤아려보는 것이 더 쉬울지도 모르겠다. 애인의 마음을 생각하는 만큼 부모의 마음을 생각한다면 그 이상 효도가 없을지도 모른다.

공자는 제자들이 효란 무엇인가 물을 때마다 다른 답변을 주었지만, 부모의 마음을 헤아릴 것을 거듭 강조한다.

어 사실 엄마한테 뭐 대단하게 용돈 드리고 명품 사드리고 이러는 게 효도인 건 아니라는 거지. (p. 68)

자유가 효에 대해 묻자, 공자가 "오늘날 사람들이 생각하는 효도는 숙식을 제공하는 것 정도를 말한다. 그러나 개나 말도 먹이고 재우기는 하니, 부모를 공경하지 않는다면 개나 말을 기르는 것과 무엇이 다르겠는가?"라고 하였다.

－《논어》〈위정〉7

'숙식을 제공한다'와 '먹이고 재우는' 것은 한국어에는 존대어의 차이가 있지만 한자로는 그 둘이 모두 양養으로 동일하다. 음식과 잘 자리를 제공하여 살아있게만 해주는 것이 곧 양養이다. 부모에게 물질적인 풍요를 제공하는 것만으로는 부족하다는 말이다. 중요한 것은 그 안에 담겨있는 마음이다.

엄마가 신경 써서 밥 차려주면 그것도 엄청 맛있다고 반응 잘 하면서 먹고, 그런 거가 결국 엄마 마음을 좋게 하는 거 아냐? (p. 68)

맹무백이 효에 대해 묻자, 공자가 "부모는 그저 네가 아플까봐 걱정하신다." 라고 하였다.

- 《논어》 〈위정〉 6

부모는 누구보다 자식의 건강을 걱정하는 사람이고, 부모의 마음에는 그 다른 무엇보다도 자식의 건강에 대한 염려가 크게 자리 잡고 있을 것이다. 이 말을 뒤집어보면 곧 부모에게 자식이 할 수 있는 진정한 효도는 '건강하게 잘 지내는 것'이라는 말이 된다.

부모의 말에 거역하지 않고 때로는 부당한 요구에도 복종하는 것이 효도라고 생각하는 현대인은 유가에서 말하는 효도의 진정한 의미란 무엇인지 고민해볼 필요가 있다. 부모 입장이 된 사람도 자식에게 '너 잘 되라고 하는 소리야'라는 말을 자주 한다. 그렇다면 부모의 일시적인 요구에 복종하는 것에 치중하는 것보다는 장기적으로 진정 잘 될 수 있는 방법을 찾아가는 것이 더 큰 효도일 수도 있지 않을까?

여자 친구 있을 때는 진짜 그렇게 멀리 가는 거 아니다, 적어도 가려면 연락이라도 잘 되는 데로 가든가! (p. 68)

공자가 말하였다. "부모가 계실 때는 멀리 떠나지 않고, 멀리 떠날 때는 반드시 목적지를 알린다."

- 《논어》 〈이인〉 19

멀리 떠난다는 뜻의 유遊자는 유랑, 유학과 같이 먼 곳으로 떠나

언제 돌아올지 모르는 것을 말한다. 시공간적 배경을 따지자면, 중국처럼 커다란 땅덩어리에 춘추전국시대처럼 험난한 시대에 나라를 떠나 멀리 간다는 것은 지금으로 치면 우주선을 타고 화성으로 떠나는 것만큼이나 기약 없는 여행이었을 것이다. 핸드폰도 이메일도 없던 시대에 부모는 그저 자식이 객사하지 않기만을 수년씩 기도해야했을 것이다. 그러므로 어쩔 수 없이 멀리 떠난다면 어디에 있는지, 살아 있는지 연락을 남기라고 한 것이다. 다시 한 번, 부모가 자식을 걱정하는 마음을 헤아리는 것이 효도임을 강조하였다.

그러므로 부모와 대화할 때는, 심지어 부모의 말에 반대할 때라도 부모의 마음을 최대한 배려하는 것이 중요하다는 것이다. 그러나 뒤집어 말하자면 부모의 마음을 배려하되, 그렇다고 모든 말에 복종하라는 가르침은 아니기도 하다.

마음 상하지 않게, 표정도 좋게 하고 말도 부드럽게 하고 말이야, 험한 말이나 상대를 무시하는 표현이나 이런 거를 쓰지 말아야 한다, 이런 거지. (p. 70)

자하가 효에 대해 묻자, 공자가 답하였다. "얼굴색을 온화하게 하는 것이 어렵다. 일이 있을 때는 젊은 사람이 그 일을 대신하고, 술이나 음식이 있을 때는 어른들부터 드시게 하는 것, 이 정도를 효라고 하겠는가?"

– 《논어》 〈위정〉 8

힘든 일은 젊은이가 대신하고, 술이나 음식은 어른들부터 드시게 하는 것은 효의 기본 중 기본이기 때문에 그 정도로는 효도라고 부르기 부족한 것이고, 부모의 마음이 다치지 않도록 얼굴색을 온화하게 하는 것이 어렵지만 진정으로 부모를 생각한다면 지켜야할 부분이라고 당부하는 것이다.

그냥 버럭버럭 니가 이거 잘못했다 이런 말만 하는 거는 결국 상대방한테 화풀이하는 거밖에 더 돼? (p. 70)

공자가 말하였다. "부모를 모실 때에는 눈치를 잘 보며 조언을 해야 한다. 뜻대로 따르지 않는 상황이 되더라도 공경하는 마음을 떠나지 말고 노력하되 원망하지 말라."

— 《논어》 〈이인〉 18

공자는 부모를 올바른 길로 이끌기 위해 노력하고 조언하는 것 또한 효도의 일환이라고 보았다. 대신 그 과정에서 화를 내거나 말투나 표정을 거칠게 하여 부모를 기분 나쁘게 하면 안 되고, 부모가 따르고 싶어지도록 부드럽게 이끄는 것이 중요하다. 결국 이루고자 하는 목적은 올바른 길로 이끄는 것이지 분풀이를 하는 것이 아니기 때문이다.

그러나 공자 본인도 제자들에게 항상 말이 부드럽거나 표정이 온화하지는 않았던 것으로 보인다. 몇 번이나 참은 이후에 터뜨린 분노의 기록일지도 모르지만, 공자가 제자들이나 당대의 다른 인물에 대해 쓴소리를 하는 장면은 《논어》에 거듭 등장하여 읽는 재미를 더한다.

마음의 표현은
매너로

공자인 아... 그래, 그건... 나도 잘 지키지 못하긴 하지. 그 부분은 사과할게. 그렇지만 어쨌든 이상적으로는 항상 매너를 지켜야 한다 이거지. **말하는 데에도 매너가 있고, 상대방 말을 듣는 데에도 매너가 있고, 행동을 할 때도 매너가 있고,** 여튼 사랑하는 사이라고 해서 그냥 아무렇게 나 해도 되는 건 아니라는...

주군 아니 대체 언제적 매너 얘기야, 너무 시대에 뒤떨어진 거 아니냐? 언제까지 남자는 여자애들 집에까지 데려다주고 차에서 내리면 문 열어주고 테이블에 의자 빼주고 대체 남자는 무슨 시종이냐? 왜, 밥값도 다 내야 매너라고 하지?

`공자인` 　　그런 매너 말하는 거 아닌데? 아까도 말 했지만, 마음이 없으면 선물 같은 거 다 필요 없다고. 사랑하는 마음으로 라면 먹는 게 낫지, 좋아하지도 않는 사람이랑 스테이크 썰고 유럽 여행 가면 뭐하니, 그건 진짜 다 아무 의미도 없어. 물론 좋은 음식 먹고 좋은 데 다니면 좋겠지. 그렇지만 어쨌든 사랑하는 마음이 있어야 한다고.

　　매너라는 거는 그런 마음이 표현되는 방식이다 보니까 시대뿐만 아니라 상황이 달라지면 당연히 매너도 달라지지. 너랑 나는 어차피 같은 아파트 단지 사는데 좀 데려다주면 안 되냐? 그렇지만 가까우니까 내가 널 데려다준다고 해도 뭐 문제될 것도 없지.

`주군` 　　상대방 감정을 배려하고, 그래서 표현이 친절하기도 해야 하는데, 마음만 있다고 되는 건 아니고 결국 매너도 지켜야한다는 건데... 그렇지만 결국은 마음이 중요한 거 아냐? 겉만 번지르르하게 한다고 마음까지 알 수 있는 건 아냐. 마음은 있어도... 해주고 싶은 만큼 경제적으로 안 되는 사람도 있잖아.

`공자인` 　　표현이라는 게 꼭 돈을 말하는 건 아니지. 검소하게 데이트하는 거 하나도 안 서운해. 니 말대로 마음이 중요한 거니까, 사치스러운 거보다는 차라리 검소한 게 낫고, 그냥 틀에 박힌 형식으로 매너만 잘 지킬 바에는 진심인 게 낫지. 대신에, 그냥 게을러서 맨날 추리닝만 입고 나

오고 약속 시간 늦고 전화도 잘 안 받고 그런 거는 그냥 마음이 없는 거잖아.

가깝다고 너무 편하게만 여기지 말고, 마음이 있는만큼 표현도 해달라는 거지.

공자인의 글 속
고전 이야기 5

행동의 규율인 예

인仁이 타인을 배려하는 마음이라면, 이를 행동으로 옮기기 위해서는 예禮라는 형식이 필요하다. 타인에게 상처 주지 않으려는 것이 인이라면, 예는 곧 어떻게 행동해야 타인에게 상처주지 않을 수 있는 지 구체적인 행동양식인 것이다. 예는 인에서 나오는 것이므로 인이 더 본질적이라고 볼 수도 있겠지만, 예가 없다면 인이 제대로 표현되지 않기도 한다. 그러므로 이 둘은 떼려야 뗄 수 없는 관계가 된다.

이는 부모에 대한 인仁의 표출인 효孝에서도 마찬가지다.

여튼 사랑하는 사이라고 해서 그냥 아무렇게나 해도 되는 건 아니라는... (p. 76)

안연이 인에 대해 묻자, 공자가 답하였다. "나를 이루고 예로 돌아가는 것을 인이라고 한다. 하루라도 극기복례할 수 있으면 천하가 인으로 돌아갈 것이다. 인을 행하는 것은 나에게서 오는 것이지, 다른 사람에게서 오는 것이겠는가?"

안연이 말했다. "그 세세한 항목을 묻고 싶습니다." 공자가 말하였다. "예가 아니면 보지 말고 예가 아니면 듣지 말고 예가 아니면 말하지 말고 예가 아니면 행동하지 말라." 안연이 말하였다. "제가 비록 부족하지만, 이 말을 따르겠습니다."

— 《논어》 〈안연〉 1

맹의자가 효에 대해 물었는데, 공자가 "어긋나지 않는 것입니다."라고 말하였다. 번지가 공자의 수레를 끌고 있었는데, 공자가 그를 불러 말했다. "맹손이 나에게 효를 묻길래, 내가 어긋나지 않는 것이라고 했다." 번지가 말했다. "무슨 뜻입니까?" 공자가 말하였다. "부모가 살아계실 때는 예로 섬기고, 돌아가셔서는 예로써 장례 지내고, 예로써 제사 지내는 것이다."

— 《논어》 〈위정〉 5

그러나 예禮는 표현의 방식이기 때문에, 그 내면에 있는 진심이 중요하고, 순서를 정확하게 지켜 진행하는 것이나 사치스럽게 겉치레를 하는 것은 좋다고 보지 않았다.

니 말대로 마음이 중요한 거니까, 사치스러운 거보다는 차라리 검소한 게 낫고, 그냥 틀에 박힌 형식으로 매너만 잘 지킬 바에는 진심인 게 낫지. (p. 77)

임방이 예의 근본에 대해 묻자, 공자가 말하였다. "질문이 훌륭하도다! 예는 사치스러운 것보다는 차라리 검소한 것이 낫고, 상은 진행이 매끄러운 것보다는 차라리 슬퍼하는 것이 낫다."

— 《논어》 〈팔일〉 4

또한 예의 표현 방식은 시대와 상황에 따라 변화할 수 있다고 보았다. 시공간을 초월한 불변의 것이 아니라는 것이다. 공자는 각각의 경우를 판단하여 어떤 예는 바뀌는 것이 좋은지, 어떤 예는 그대로 유지하는 것이 좋을지 고민했다.

매너라는 거는 그런 마음이 표현되는 방식이다 보니까 시대뿐만 아니라 상황이 달라지면 당연히 매너도 달라지지. (p. 77)

공자가 말하였다. "삼베로 된 모자를 쓰는 것이 예지만 요즘은 생사로 된 것을 쓰니, 이쪽이 검소하므로 나는 대중을 따르겠다. 대청 아래에서 절하는 것이 예인데 요즘은 대청 위에서 절하니 이것은 게으른 것이므로 비록 대중과는 다르더라도 아래에서 절하는 것을 따르겠다."

— 《논어》 〈자한〉 3

사랑하고 싶다고 생각하면
마음에 바로 사랑이

주군   니 말도 무슨 말인지는 알겠는데, 사람이 살다보면 제일 가까운 사람한테 말도 좀 거칠게 할 때도 있고 화풀이하기도 하고 그러는 게 사람이긴 하잖아. 우울할수록 엄마한테 더 화내는 거기도 하고. 연애 처음할 때는 모르지만, 사귄지 오래 지나고 나면 서로 편해지기도 하고, 그냥 기대고 싶을 때도 있잖아. 그런 점은 이해해줄 수도 있지 않아? 니가 괜히 눈이 높다는 말을 듣는 건 아니라고.

공자인   아니, 나는 진짜 무슨 학벌 좋은 남자 좋다는 것도 아니고 돈 많은 남자 좋다는 것도 아니고 진실한 마음을 원한다는 건데, 자기 마음이야말로 자기가 하고 싶은 대로 바꿀 수 있는 유일한 거잖아? 돈은 많고 싶다고 해서 많을 수 있는 것도 아니고 잘생기고 싶다고 잘생길 수 있는

거는 아니지만, 아, 나는 저 친구가 너무나 좋다, 라고 생각
하면 바로 그 순간에 마음에 사랑이 있는 거잖아?

진짜 하루라도 신경 써서 오늘만은 정말로 타인을 배려
하면서 살아야겠다고 마음 먹으면 그거는 할 수 있어야 하
는데, 근데 그게 왜 그렇게 힘들다는 거야, 그게 되는 사람
을 하나도 못 본 거 같아! 사람들이 오히려 나보고 눈 너무
높다고 그러는데 나는 이해가 안 간다고!

주군   그럼 정말 마음만 있으면 돼? 좋은 사람이 되고
싶다는 마음만 있으면 충분해?

공자인   아니, 그러니까 그 마음을 토대로 실천에 옮길
수 있어야 한다는 거지, 마음만 있으면 행동을 할 수 있는
거 아니냐고, 좋은 사람이 될 수 있는 거 아니냐고. 난 좋
은 사람이면 돼, 진짜 좋은 사람이라면 다른 건 하나도 상
관없어.

주군   그럼 그 좋은 사람이라는 게 어떻게 되는 건지
좀 들어보자. 대체 니가 생각하는 이상적인 인간은 뭐니,
좀 배워보자.

공자인   정말 관심 있어?

주군   이제 우리 그냥 솔직하게 말하자. 나는 너 좋아

해. 너도 나 좋아한다고 생각해. 니가 말하는 이상형이라는 거 대체 뭔지, 내가 맞춰줄 수 있는 건지 해보자. 이제 뜸 그만 들이고, 어떻게 하면 되는지 말해 줘.

공자인　하아, 니가 그렇게까지 해준다고 하면 너무 고맙지. 그럼... 너도 이번 주 독서클럽 나올래? 우리 매주 토론하는데, 어떻게 사는 게 좋은 건지, 좋은 사람이란 무엇인지 그런 거...

주군　아휴, 그래. 오늘은 진실한 사랑 타령 그만하고 둘이 회포나 풀자고.

공자인　하아... 그래, 너 여행 다닌 얘기도 더 듣고.

공자인의 글 속
고전 이야기 6

인은 내 안에 있다

공자는 인仁이란 내면에서 오는 것이고, 그러므로 원하기만 하면 바로 인할 수 있다는 취지의 발언을 여러 번 했다.

나는 저 친구가 너무나 좋다, 라고 생각하면 바로 그 순간에 마음에 사랑이 있는 거잖아? (p. 83)

공자가 말하였다. "인은 멀리 있는가? 내가 인을 원하면 이는 인이 도달한 것일 것이다."

– 《논어》〈술이〉 30

이는 인仁이 어떤 마법의 힘이라 소원을 빌면 곧바로 나에게

다가온다는 의미는 아니다. 평생 나쁜 짓만 하고 살았던 도둑이나 범죄자가 '착해지고 싶다'는 마음이 들었다고 해보자. 착하고 선량한 것을 보고 좋다고 느낀다는 것은 그의 마음이 이미 착해지기 시작했다는 증거로 볼 수 있다. 착해지지 않았다면 착해지고 싶다는 생각조차 들지 않을 것이기 때문이다.

이와 유사하게 타인을 보상 없이 사랑하고 싶은 인仁한 마음을 원한다는 것은 이미 그에게 타인에 대한 베푸는 마음이 싹트기 시작했음을 말하는 것이라고 해석할 수 있다. 그러므로 인仁을 원한다면 이미 인仁한 마음이 그에게 온 것이라고 볼 수 있다.

공자는 이렇듯 인해지고 싶어한다면 곧바로 인해질 수 있다고 믿었기 때문에, 주변에 인하다고 할 정도로 훌륭한 사람이 없는 것을 끊임없이 한탄했다. 그것은 능력의 문제가 아니라 노력의 문제일 따름이라고 생각했기 때문이다.

진짜 하루라도 신경 써서 오늘만은 정말로 타인을 배려하면서 살아야겠다고 마음 먹으면 그거는 할 수 있어야 하는데, 근데 그게 왜 그렇게 힘들다는 거야, 그게 되는 사람을 하나도 못 본 거 같아! (p. 83)

"나는 인仁을 좋아하고, 불인한 것을 싫어하는 이를 본 적이 없다. 인을 좋아하는 것은 그 이상 우러를 것이 없고, 불인한 것을 싫어하는 것은 인을 행하면서 불인한 것이 자신의 몸에 더해지도록 두지 않는다. 단 하루라도 인한 데에 힘을 쓸 수 있는 자가 있겠는가? 힘이 부족한 사람은 본 적이 없다. 어딘가에는 있겠지만, 본 적은 없구나."

- 《논어》〈이인〉 6

주변에 호학好學하는 사람이 없다는 한탄을 여러 번 한 것과
도 같은 맥락이다.

III.
독서클럽의
사람들

공자인은 오지랖이
넓어도 너무 넓다

주군   나 내일 자인이네 독서클럽에 나가보기로 했다. 책을 읽어가야 하나? 무슨 예시 같은 거 많이 쓰여 있는 윤리학 책 같은 거던데.

이다미   거의 뭐, 걔네 책은 읽기는 하나 모르겠어. 그냥 주로 누구는 이런 상황에서 어떻게 할 것 같냐, 이런 상황에서는 싸워야 되냐 말아야 되냐 이런 얘기 하는 거 같던데... 그러니까 독서클럽이라고는 하는데 결국은 연애 상담이라니까.

주군   거기 나 아는 애들도 있나? 괜히 간다고 했나... 그냥 자인이나 따로 한 번 더 보는 게 나은 거 아니었나 몰라.

`이다미`   거기 자주 찾아오는 남자애 중에 계강욱이 있는데, 너 기억 나지? 우리 학원 같이 다니던 애잖아. 그 계씨 맹씨 숙씨 춘추 독서실 꽃미남 탑쓰리..

`주군`   부잣집 아들 계씨! 맨날 명품 들고 다니고 기사가 태워다주고 그래서 자인이가 싫어했잖아. 공부도 못 하는 것들이 돈 많다고 아주 거들먹거리면서 학원 휘어잡고 다닌다고, 분수도 모르고 말이야...

`이다미`   걔가 옛날에 생일 파티 한답시고 룸 빌려가지고 자인이 보고 너는 스타일 후지니까 오지 말라고 그래서 자인이가 화냈었잖어. 여튼 자인이가 걔한테 엄청 툴툴 대면서도 자주 만나.

`주군`   그건 대체 뭐야...?

`이다미`   자인이는 잔소리해서 강욱이를 개과천선시키고 싶은 모양인데 택도 없지, 그 성격이 어디 가겠냐. 근데 또 강욱이는 그 잔소리를 계속 들으면서도 무슨 생각인지 자인이한테 자꾸 와서 좋은 남자란 뭐라고 생각하냐느니, 어떻게 하면 연애를 잘 하냐느니, 소개팅 좀 해달라느니, 후배 중에 괜찮은 사람 없냐느니...

`주군`   자인이 꼬시려고 그러는 거 아냐? 원래 관심 있

는 사람 떠보려고 소개팅 해달라느니 해준다느니 그러는 거 아냐.

이다미 　　아 둘은 절대 안 맞지, 너도 알지만... 자인이가 걔 만날 때마다 엄청 욕해주는 거 같더라고. 근데 강욱이는 자인이를 놀리려고 그러는 건지 자인이한테 욕먹는 게 좋은 건지 여튼 둘이 자주 만나. 자인이는 자인이대로 걔가 만나자고 하면 싫다는 소리 안 하고 꼬박꼬박 나가는 거 같더라고..

주군 　　그런 새끼한테 무슨 소리를 한다는 건데?

이다미 　　아 뭐 맨날 뻔한 소리 하는 거 있어, 뭐 니가 먼저 잘 해야 된다, 외모만 밝히면 안 된다 이런 거... 되게 뻔한 말인 거 같은데도 애들이 그렇게 자인이를 찾아요... 결국 그래서 자인이가 과 후배들 소개팅도 엄청 해주고... 거기 대부분 철학과 3학년 애들이거든, 나중에 제자백가 전공하려고 대학원 갈 애들이지 자인이처럼. 그 중에는 자인이가 엄청 예뻐하는 후배가 하나 있는데, **안연희**라고... 진짜 둘이 사귀는 거 아닌가 싶을 정도로 서로 죽고 못 살아. 근데 연희는 자인이보다 더 심해! 아주 그냥 청렴결백 선비 나셨어! 연희는 완전 모쏠이야! 연애도 안 해!! 그저어 자인이만 쫓아다녀!! **사단목**이라고 똘똘하고 주식 투자해서 돈 엄청 벌었다는 친구도 있고, 그리고 또 성깔 있는 **주유이**라고 태권도 2단이라는 여자애도 있는데....

주군   누나, 자인이 맘에 안 드는구나?

이다미   아니, 좋고 싫고가 어딨어 우리 사이에.

주군   아주 자인이 후배들 하나씩 다 돌아가면서 뒷담하겠는데 뭘.

이다미   나는 걔 진짜 걱정돼서 그러는 거야.

주군   후배들한테 인기 많고 상담 해주고 그러는 거 나쁜 것도 아닌데 뭘 걱정을 해.

이다미   너도 알잖아, 자인이는 누구에게든 자기 마음을 너무 드러내. 좋고 싫고 맞고 틀리고 너무 명확해. 그러면 좋아하는 사람들도 생기지만 그거 싫다는 사람들도 또 확실하게 생긴단 말이야. 요즘 같이 험한 세상에 뭘 그렇게 남을 돕겠다고, 진심이면 어디든 통한다고... 그러다가 지난 몇 년 상처는 또 얼마나 받았어... 항상 그래 걔는. 그리고 옆에서 내가 잔소리 하면 나보고 순수하지 않다고 뭐라고 하고. 나야 걔 잘 되라고 하는 말이지.

그 웰빙 클럽 모임, 내가 만든 거가 아니야. 그냥 자인이 때문에 상처 받은 애들이 그냥 앉아서 수다나 떨고 싶다고 찾아온 거지. 걔가 그래, **자인이가 나쁘다는 건 아니지만, 자기만큼 열심히 살 수 없는 애들을 주변에서 몰아내게**

된단 말이야...

주군　　그래, 누나가 그렇게 상처받은 애들은 잘 받아주기는 하지.

이다미　　그래, 나 같은 사람도 필요하다고! 근데 그럼 자인이는 그 후배들을 그냥 그렇게 두면 어떻게 하냐, 더 열심히 살도록 부추겨야지 그냥 쉬게만 두면 어쩌냐고 하고... 아주 골치 아팠다고!

주군　　그래서, 그런 것 때문에 싸운 거야?

이다미　　아휴, 자인이한테 물어봐. 요즘 아주 나랑은 말도 안 해.

공부란
무엇인가

주군　야, 니가 나오래서 나오긴 했는데... 그래서 독서클럽은 대체 뭐냐, 너는 니가 연애도 한 번도 안 해보고 이렇게 이상에만 빠져 있는데 대체 다른 사람들한테 연애 상담은 어떻게 해준다는 거야?

공자인　내가 상담을 해주는 게 아니라 같이 책 읽고 토론하고 그러는 거야.. 그리고 기본적으로 연애가 목적인 게 아니라고. 좋은 사람이 되면 저절로 좋은 사람을 끌어당기게 된다, 그렇지만 그렇다고 좋은 사람을 만나려고 좋은 사람이 되려는 거가 아니라, 공부 자체가 목적이야. 뭐 물론 나는 그렇게 생각하기는 하는데... 몇 달 하다보면 다들 연애상담부터 하긴 하더라만.

처음에는 같이 모여서 자기 계발서 같은 거 읽자고 했는데 어떻게 하다보니까 자꾸 애들이 자기 고민 얘기하고 친구들 고민 얘기하고 그러다가... 그렇게 됐어. 같이 공부하고 성장하자 이런 컨셉인데...

주군   나 책은 거의 안 읽어왔는데.

공자인   괜찮아, 책이 중요한 거는 아니야. 공부라는 게 굳이 글자로 뭐를 읽고 외운다고 되는 게 아니잖아.

주군   독서 모임인데 책이 중요한 게 아니야?

공자인   어 인간관계 중심이라고 해야 하나.. 주변 사람들하고 관계를 어떻게 만들어 나가는가, 바로 옆에 있는 사람들한테 어떻게 대하는가. 책 한 권 안 읽었다고 하더라도, 부모님한테도 잘 하고 친구들한테도 잘 한다, 그러면 그건 책 백 권 읽은 거보다 낫다는 거지. 사실 책 읽고 이론 공부하는 것보다 먼저 일상에서 주변 사람들한테 잘 할 수 있으면, 그러고 나서 기운 남을 때 공부하는 게 더 나을 수도 있고.

주군   그럼 독서클럽은 왜 해?

공자인   서로 배우자는 거지. 이론에 대해 얘기하는 게 아니라 이런 일이 있었다, 이럴 때는 어떻게 하는 게 좋을까, 누가 이런 경우에 이렇게 대응하는 거 봤는데 좋아보이더라 우리도 할 수 있을 것 같다, 그런 얘기 하는 거야. 물론 안 좋은 경우에 대해서도 얘기 하지만.. 그러니까 서로 더 좋은 사람이 될 수 있게 지켜봐주는 거라고나 할까?

주군   그냥... 결국 남들 뒷담하고 수다 떠는 모임이랑은 달라?

공자인   뭐 좀 그렇게 보일 수도 있지. 그렇지만 결국은 남들 행동을 통해서 배우고, 내 행동을 고쳐 나가자, 이런 거야. 돌아보면 누구한테서도 배울만한 점이 있거든. 잘못된 점을 고치려고 보든, 아니면 좋은 점을 배우려고 보든.

공자인의 글 속
고전 이야기 7

공자에게 공부의 의미

대한민국의 교육열은 유교의 영향으로 치부되곤 한다. 그러나 공자라면 절대로 입시, 고시나 취업공부를 학學이라고 치지 않았을 것이다. 오히려 공자는 수익을 추구하지 않는 공부 자체를 중시하기도 했으며, 이 경우 '학'은 책을 펴고 글자를 읽는 공부라기보다는 인격수양이나 도덕 실천에 가깝다.

그러므로 공부를 하겠다고 찾아와서는 곧 벼슬자리를 찾는 제자가 많은 것을 안타깝게 여겼다.

부잣집 아들 계씨! 맨날 명품 들고 다니고 기사가 태워다주고 그래서 자인이가 싫어했잖아. (p. 91)

공자의 출신지이던 노나라에는 세력가 계손씨, 맹손씨, 숙손씨 삼가三家가 있었는데 더 높은 계층이 누릴 수 있는 제도를 함부로 사용하여 공자에게 많은 비난을 받았다. 공자에게 있어서 이는 타고난 계층의 본분을 지켜야 한다는 논리라기보다는, 힘이 더 크고 돈이 많다고 해서 도덕성을 버려서는 안 된다는 주장에 가깝다.

공부 자체가 목적이야. 뭐 물론 나는 그렇게 생각하기는 하는데... 몇 달 하다보면 다들 연애상담부터 하긴 하더라만. (p. 95)

공자가 말하였다. "삼년을 공부하고도 밥벌이를 추구하지 않는 자는 쉽게 얻어지지 않는다."

— 《논어》 〈태백〉 12

유가의 인격수양은 특히 주변 사람들을 대하는 태도에 달려 있다. 그러므로 부모를 대하는 효도, 친구를 대하는 충실함이나 자신의 말을 실천하는 신의로움 같은 덕목들을 얼마나 잘 갖추는가가 곧 공부로 직결된다. 공자의 제자 자하는 주변 사람들을 대하는 데에 필요한 도덕적인 태도를 갖춘 자라면 그것이 곧 공부한 것과 같다는 말을 하기도 했고, 공자는 글자에 대한 공부는 이러한 인간관계 덕목이 갖추어진 이후에도 힘이 남으면 시작하는 것이라고 말하기도 했다.

자하가 말하였다. "현명한 이를 현명하게 여기는 것을 색을 추구하는 것보다 절실하게 하며, 부모를 잘 모시는 데에 힘을 다하고, 임금을 섬기는 데에 몸을 바치며, 친구와 교류하는 데에 말에 신의가 있으면 공부하지 않았다고 하더라도 나는 그가 반드시 공부한 것이라고 여기겠다."

– 《논어》 〈학이〉 7

부모님한테도 잘 하고 친구들한테도 잘 한다, 그러면 그건 책 백 권 읽은 거보다 낫다는 거지. (p. 96)

　공자가 말하였다. "제자가 집 안에서는 효도하고, 나가서는 웃어른을 잘 섬기고, 근면하고 신의가 있으며, 널리 여러 사람을 아끼고 가까운 이에게는 인을 베풀고, 그 이후에 남는 힘이 있으면 문자를 공부한다."

– 《논어》 〈학이〉 6

　이렇듯 문자를 통한 이론의 공부가 아닌, 실천을 통한 덕목의 공부를 추구하기 때문에 교과서가 필요 없이 사람들의 행동에 대한 직간접적인 평가를 통해 공부가 이루어졌다. 《논어》 내용의 대부분이 역사적 인물들, 당대의 유명인, 그리고 공자 제자들의 행동에 대한 비판 및 평가임을 볼 수 있다. 이후 문자화된 경전들도 과거 사람들의 모범적인 행동을 기록하여 장점을 모방하는 것이 많다. 그러므로 유가에게 있어서 세상 모든 것은 곧 스승이자 교과서가 될 수 있다.

돌아보면 누구한테서도 배울만한 점이 있거든. 잘못된 점을 고치려

고 보든, 아니면 좋은 점을 배우려고 보든. (p. 97)

　공자가 말하였다. "사람 셋이 걸어가면 그 중에 반드시 내 스승이 있다. 그 중 장점을 골라서 따르고, 단점은 고치기 때문이다."

－《논어》〈술이〉 22

공자인은 솔로라도
괜....찮다?

주유이   언니다! 자인이 언니 왔다!!

안연희   언니! 언니 오늘도 너무 예뻐요!!

계강욱   왔냐 자인, 뭐야 오늘은 남친 데려왔냐?

염유정   언니 안녕하세요!

주군   와 계강욱 너는 그때나 지금이나 어떻게 이렇게 똑같냐, 근본 없이 명품으로만 바른 것도 변한 게 없다... 진짜 니가 무슨 연예인이야, 아이돌이야?

공자인   장난 아니지, 날이 갈수록 더 심해져, 진짜 내가 애랑 얘기를 왜 하나 모르겠다...

계강욱   야 대놓고 뒷담하지 말고 앉아나 보지?

공자인   앞에 대놓고 말하는 건 뒷담 아니거든? 건설적인 비판이랄까.. 여튼 넌 그런 거 좀 필요하잖아? 잔소리 들으러 오는 거 아냐 너는?

계강욱   아 진짜 형이 너랑 사귀라는 말만 안 했어도 내가 진짜 너 만나러 안 오는데...

주군   형? 너희 형이 너보고 얘랑 사귀래??

공자인   아... 쟤 형이... 걸그룹 워낙에 좋아하시는 그런 분 있어... 몇 번 보다가 말았는데 자기는 나랑 잘 안 됐지만 강욱이 보고는 꼭 사귀라고 했대나..

계강욱   저어얼대 안 사귀니까 걱정을 마시오, 저런 애랑 어떻게 맨날 얼굴 보냐, 맨날 뭐든지 내 잘못이라고 하는데~

주유이   언니, 같이 오신 분은 주나라 선배 아니에요?

공자인   어어 맞아.

주유이　언니, 이제 주나라 선배 안 좋아한다고 하지 않으셨어요? 아무래도 아닌 것 같다고..

공자인　야! 그냥 친구로 지낸다는 거지! 그런 얘기를 큰 소리로 하고 그래...

주유이　아, 죄송요 별로 좋은 분 아니라고 했던 거 같아서...

주군　야, 너는 대체 나에 대해서 무슨 소리를 하고 다녔길래!

공자인　너한테 한 말 똑같이 한 거거든, 우유부단하다고! 진실성이 없잖아!

주유이　다미 언니랑 자인 언니랑 계속 어장관리만 하고 사귀시진 않았다고 두 언니 다 주나라 선배 싫어한다고 들었는데...

주군, 공자인　야, 쫌!!

주유이　아.. 네 저는 이제 그만 할게요...

공자인　자, 우리 시작하기 전에.. 항상 하는 거 외워봅시다.. 나의 기쁨은 더 좋은 사람이 되는 것이다, 나의 즐거움은 뜻을 같이 하는 이들이 나를 찾아오는 것이다, 솔로라도 괜찮다....

주유이, 안연희, 계강욱, 염유정   나의 기쁨은 더 좋은 사람이 되는 것이다, 나의 즐거움은 뜻을 같이 하는 이들이 나를 찾아오는 것이다, 솔로라도 괜찮다....

주군   (뜨억한 얼굴) 자인아, 나... 나는 가... 갈게...

계강욱   아냐 너도 앉아, 내 얘기 듣고 가, 남자가 하나는 더 있어야지 나 맨날 자인이한테 공격만 당하는데 니가 오늘은 내 편 좀 들어봐

공자인   어휴, 그래 너 빨리 할 얘기 하고 가라 먼저.

공자인의 이상형은
먼저 변화하는 자

계강욱   나 요즘 사귀는 애가 진짜 말을 너무 안 들어가
지고... 정말 야, 주군, 너 같으면 말 안 듣는 여친이랑 헤어
지겠니 안 헤어지겠니, 말 안 듣는 여친은 버리고 말 잘 듣
는 여자만 만나면 여자들이 다 내 말을 잘 들을까? 어? 어
떻게 생각해?

공자인   니가 뭘 어쩌자고 했는데 여자 친구가 니 말을
안 들었다는 건데?

계강욱   아니, 남자 친구가 클럽을 빌려서 파티를 한다는
데, 아니 요즘 유행하는 아이돌 군무를 내가 8열 8행 맞춰
서 추면 간지날 거 같다고 친구를 64명을 초대하겠다고 했
는데, 아니 그거는 너무 사치스럽다면서~ 내가 아이돌이

냐 재벌이냐~ 뭘 그렇게 따박따박, 나 좋다고 사귀자고 할 때는 언제고, 이건 이래서 안 되고 저건 저래서 꼭 해야 되고...

공자인　니가 애초에 멀쩡한 걸 요구하면 여자애가 싫다고 할 일도 없을 거 같다만... 니가 제대로 된 소리를 하면 널 좋아하는 애가 싫다고 하겠니? 걔가 하는 말 중에 틀린 말도 없는 것 같구만 뭘. 근데 걔는 너 좋대?

계강욱　당연히 걔가 나 좋다고 하니까 사귀는 거지. 내가 돈도 많고 잘생겼는데 뭐가 부족해. 나는 걔랑 그냥 사귀어주는 거야.

공자인　어휴... 돈 많고 잘생겼다고 괜찮은 남자냐? 당연히 옛날 기준으로야 뭐 의사 변호사 같은 괜찮은 집안에 아니면 집에 돈 있어서 안정적이고 키는 180에 훈훈한 스타일 이런 거가 좋은 남자의 기준이라고 생각했겠지.

　그렇지만! 우리는 이제 생각을 바꾸어야 해! 자신이 먼저 행동을 바꾸고 사랑을 베풀 줄 아는 사람! 타인의 마음을 움직일 수 있는 여유를 가진 사람! 자신의 행동을 먼저 돌아보고 책임감을 가질 줄 아는 사람! 이런 게 이상형이 되어야 하는 거 아니겠어?

　외모 따지고, 조건 따지고, 섹시한가 아닌가 이런 것만 보는 게 아니라 그 사람의 인격! 내면! 이런 걸 볼 수 있어야 하는데, 그런 마음으로 애인 고르는 사람이 왜 이렇게 드물어?

게다가 걔가 너를 더 좋아한다며, 그러면 니가 자꾸 우기면 걔는 하기 싫어도 해야 하는 일이 생긴단 말이야... 그러면서 너희 관계가 삐거덕대면 다 기본적으로 니 책임이야!

계강욱 왜 뭐든지 다 내 책임이야, 어? 내가 남자라서 그러냐? 우리 관계 좋게 하려고 걔가 더 노력하면 좀 안돼?

공자인 그건 또 무슨 말도 안 되는 소리야.. 당연히 남자 여자 상관없이 둘이 같이 노력해야지. 근데 니가 돈도 더 많고 조건도 더 좋다며, 그러니까 니가 먼저 마음을 써야 한다는 거지.

계강욱 아니 그래서 돈 많으면 좋다는 거야 안 좋다는 거야.

공자인 돈도 많고 조건도 더 좋으면 니가 먼저 변화를 일으킬 수 있는 여유가 있다는 말도 되잖아. 걔는 상황이 안 좋아서 어쩔 수 없을 때가 있을 거 아냐. 걔가 쪼잔해서 돈이나 학점에 목메는 거처럼 보이는 게 아니라 진짜로 학점도 잘 받아야하고 장학금도 꼭 받아야하고, 너랑 같이 흥청망청 놀다보면 힘든 상황이 생길 수도 있는 거잖아. 너는 돈이나 감정에 초연할 수 있으면 니가 좀 더 걔를 배려

할 수 있는 입장이잖아... 니가 먼저 잘 하면 그 친구도 고
마워하면서 당연히 너한테 잘 하게 돼있어...

계강욱　뭐야, 걔가 고마워한다는 보장이 어딨어. 걔가
그 정도 인간도 안 되는 애면 어떻게 해, 나만 손해잖아!

공자인　아니 물론 그럴 수도 있지, 그런 사람이랑은 안
만나는 게 좋겠지만 그래도 그 전에 니가 잘못한 게 없는
게 맞나 확인을 해봐야지...

공자인의 글 속
고전 이야기 8

군자와 소인, 그리고 계강자와 공자의 관계

　계강자는 노나라의 실세인 계씨(혹은 계손씨) 집안의 사람으로, 앞에서 여자 악사들에게 빠져 조정을 돌보지 않아서 공자를 떠나게 했던 계환자의 아들이다. 계환자는 죽으면서 계강자에게 공자를 등용하라고 유언을 남겼지만 계강자는 아버지의 말을 듣지 않았다. 대신 공자를 계속 찾아와서 공자가 역정을 낼만한 질문을 계속하는 것을 즐겼던 듯 보인다.

　계강자의 질문에 대한 공자의 답은 대부분 권력을 가진 당신이 바로 서야 나라가 바로 설 수 있다는 내용이다. 그 중 가장 유명한 것이 곧 "군자의 덕은 바람이고 소인의 덕은 풀"이라는 말이다.

아니, 남자 친구가 클럽을 빌려서 파티를 한다는데, 아니 요즘 유행하는 아이돌 군무를 내가 8열 8행 맞춰서 추면 간지날 거 같다고 친구를 64명을 초대하겠다고 했는데, 아니 그거는 너무 사치스럽다면서~ 내가 아이돌이냐 재벌이냐~ (p. 106)

공자가 계씨에 대해 "정원에서 여덟 명씩 여덟 줄로 서서 춤을 추는 천자의 예禮를 행하였다니, 이를 용인할 수 있다면 용인 못할 것이 무엇이 있겠는가?"라고 하였다.

– 《논어》〈팔일〉 1

노나라의 실세인 세 집안 중 으뜸가는 집안이 계손씨, 혹은 계씨 집안이다. 계씨 집안은 세력이 크고 경제적으로도 풍요로웠기 때문에 자신이 곧 천자인 것처럼 함부로 행동하였다. 공자는 사회 질서를 무너뜨리는 그의 이러한 행동을 비난하였다.

니가 돈도 더 많고 조건도 더 좋다며, 그러니까 니가 먼저 마음을 써야 한다는 거지 (p. 108)

계강자가 공자에게 정치에 대해 다음과 같이 물었다. "도가 없는 자는 사형에 처하고, 도를 잘 지키는 자만을 취하면 어떻겠습니까?" 공자가 대답했다. "당신은 정치를 하겠다면서 어찌 사형 제도를 씁니까? 당신이 선을 원한다면 백성들이 선해질 것입니다. 군자의 덕은 바람이고, 소인의 덕은 풀입니다. 풀 위로 바람이 불면, 풀은 반드시 눕습니다."

– 《논어》〈안연〉 19

공자 시대에 군자-소인의 차이는 일차적으로는 계층의 차이였다. 군자는 지배 계층, 우리 시대에 익숙한 표현으로 하자면 월급을 주는 입장이고 소인은 매달 수입을 걱정해야 하는 봉급쟁이의 입장이다. 군자는 지배 계층이기 때문에 도덕에 있어서 자발성을 가지며 책임을 져야한다고 공자는 주장한다. 더 여유로운 이가 먼저 도덕적인 행위를 시작하면 그보다 불리한 조건에 있는 사람들은 바람이 불면 함께 움직이는 풀처럼 그 흐름에 따라가게 되는 것이다.

그러나 《논어》에서 군자-소인이 항상 계층의 차이를 지칭하는 것은 아니다. 첫 구절에서 '타인이 나를 알아주지 않아도 화를 내지 않는 자'를 군자라고 부르는 것은 사회 계층과는 상관없이 인격수양의 정도를 따져서 말한 것이다. 여기서는 다만 지배 계층이라면 물질적으로 더 풍요로우며 생산 활동에서 자유로울 수 있기 때문에 스스로 행동에 책임지며 도덕 수양을 위해 적극 나서는, 도덕적으로 책임감 있는 자가 되어야 한다고 주장한 것이다. 이는 군자는 곧 계층과 상관없이 자신의 행위에 책임감을 갖는 자라는 의식으로 이어진다.

그런 사람이랑은 안 만나는 게 좋겠지만 그래도 그 전에 니가 잘못한 게 없는 게 맞나 확인을 해봐야지... (p. 109)

공자가 말하였다. "군자는 자신에게서 구하고 소인은 타인에게서 구한다."

- 《논어》 〈위령공〉 21

군자는 문제의 원인, 앞으로 상황을 타계할 방법, 책임소재 등등을 모두 자기 자신에게서 찾는다. 그러므로 군자는 변화를 만들어갈 수 있다. 소인은 변화의 근원도 타인에게서 찾지만 상황이 잘못되었을 경우에도 타인을 먼저 탓한다. 그러므로 먼저 변화를 만들어내지 못하고 군자에게 감화되기만 하는 것이다.

그러나 군자라고 하염없이 자신의 탓만을 하고 모든 것을 용서하는 것은 아니다. 자신을 먼저 돌아보되 자신에게 잘못이 없는 것이 확실할 경우 과감하게 연을 끊기도 한다. 공자는 이에 대해 말을 남긴 바가 없지만 그의 행위를 미루어보면 알 수 있다. 공자는 통치자의 미미한 잘못에 나라를 떠나기도 하고, 잔소리를 해도 변화가 없는 제자와는 연을 끊기도 했다.

자신의 역할을
제대로 수행하는 자가 필요하다

계강욱 됐어. 난 새 여자 만나야겠어, 소개팅해 줘.

공자인 아 정말! 내가 너 소개해줄 여자가 어딨어. 니가
이렇게 쓰레긴데!! 니가 알아서 해!!

계강욱 내가 어디가 쓰레기냐?

공자인 너는 인간이 안 됐잖아.

계강욱 잘생겼지 돈 많지 집안 좋지 학벌 좋지, 내가 안
갖춘 게 뭐 있어서 내가 인간이 안 돼? 나 정치학과 최고
엄친아야 왜 이래.

`공자인` 학생이 등록금 내고 학교 다니기만 하면 학생인 줄 알아? 남자 친구가 그냥 여자애한테 사귀자는 말만 들으면 그게 남자 친구인 줄 알아?

`계강욱` 무슨 소리야, 당연히 입시 통과하고 등록금 냈으면 그게 학생이지, 내가 애랑 사귀자고 했는데 사귄다고 했으면 그게 남친이지 뭐가 문제야.

`공자인` 그냥 이름만 있다고 되는 게 아니야, 그 이름에 맞는 자기 몫을 해야지. 학생이면 공부를 해야 학생이고, 남자 친구면 제대로 여자 친구를 사랑할 줄 알아야 남자 친구지. 니 여자 친구들은 너 좋아하기는 한다니, 아니면 그냥 니가 쓰는 돈을 좋아한다니? 그럼 니가 사귀는 애들은 니 여자 친구는 맞니?

사람은 사람답게, 사랑은 사랑답게, 각자 자기가 해야하는 몫을 해야 그 이름을 쓸 수 있는 거지, 그냥 나는 DNA가 사람이니까 사람이라고 우기면 그게 사람이냐?

`계강욱` 그럼 니가 여기 모인 애들 중에 여자 친구다운 여자 친구로 하나 추천해줘, 유이 어때 유이, 여자 친구로 괜찮은가?

`공자인` 하아.. 정말 내 말은 하나도 못 알아들은 거 같지만... 유이 단호해, 여자 친구 하기에 손색이 없어.

계강욱   여기 없지만 사단목이는 어때, 걔 단정하고... 뭐 주식 투자 잘 해서 부자 됐다던데.

공자인   걔 똑똑해, 여자 친구 하기에 손색이 없어.

계강욱   여기 유정이는 어때?

공자인   유정이 재주 많아, 여자 친구 하기에 손색이 없어.

계강욱   단호하고 똑똑한 건 짜증나니까 유정이 우선 좋다. 유정아, 내가 맛있는 거 사줄 테니까 나가자.

공자인   아휴... 그게 지금 누구 사귀자고 하는 태도냐, 유정이가 니가 그러면 좋겠냐, 니 여자친구하기에 좋다고 말한 게 아니라 얘네는 진짜 다 좋은 사람들이라는...

염유정   저는... 괜찮은데요. 제가 강욱이 오빠 잘 챙길 수 있을 거 같아요.

공자인   아휴... 진짜 이게 잘 하는 짓인가 모르겠다. 둘이 좋다니 내가 말릴 수는 없는데... 그러면... 니가 몸 사리지 말고 잔소리 시전해서 강욱이 좀 잡아봐라... 아휴... 둘이 나가 봐라 그냥...

계강욱 아오, 이제 자인이 후배 사귄다고 하면 형도 잔소리 그만 하겠지! 난 간다! 유정아, 가자 오빠가 진짜 옷부터 좌악~ 빼서 새로 사줄게 후줄근하게 하고 다니면서 내 여친이라고 하면 쪽팔리니까...

염유정 네 오빠~

주유이 와 진짜 정 떨어져, 유정이는 또 뭐야 저거 좋다고 따라나가는 거 봐. 언니, 유정이는 돈 있고 잘 생긴 남자 그냥 좋아하는 거예요, 그냥 다시 나오지 말라고 하세요! 저는 언니가 자꾸 이상한 애들 독서클럽에 계속 받아주는 거 너무 싫거든요? 지난번에도 그 신입생, 걔는 완전 싸이코패스 아니냐느니 뭐 말도 안 통한다느니 말도 많더만...

공자인 그래도 우리 독서클럽에는 나 정말 조건 따져서 내보내고 이런 거는 하고 싶지 않아. 일부러 나 보고 찾아와서 같이 공부하고 싶다고 하는 태도를 봐야하는 거지... 그 사람이 밖에서 무슨 일 하고 다니는지 따져서 들어와라 마라 할 것도 아니고. 학년이고 성별이고 전공이고 성향이고 따지지 않을 거고...

주유이 언니, 그래도 싹수가 노란 사람도 있는 거예요. 언니가 아예 안 만났으면 좋겠는 사람도 있다고요. 지난번에 그, 경제학과 얼짱이라는 오빠 여자친구 있는데도 꼬시려 하던 여자애가 상담하고 싶다고 할 때도 언니가 만나주셨잖아요? 그런 것 때문에 소문나는 것도 너무 싫고요... 언니가 그 오빠한테 관심 있는 거 아니냐는 소리까지 돌았다고요

공자인　그거는 진짜 아무 일도 아니었다니까? 진짜 내가 뭔 일 있었으면 천벌을 받는다!

주유이　지난번에 또... 법대 얼짱한테 차이자마자 언니하고 소개팅하자고 불렀던 선배, 그 선배랑도 언니 소개팅할 뻔 했죠?

공자인　그만 좀 해라 이제.. 어쨌든 시도는 해보고 그만둬야지, 영 아니겠다 싶을 때까지는 좋은 사람이 될 수도 있다고 생각해야 되는 거지...

주유이　언니가 주나라 오빠 포기 될 때까지 계속 시도하는 것처럼요?

공자인, 주군　쫌!!

주유이　네... 저는 그만 할게요...

공자인의 글 속
고전 이야기 9

공자의 정명론

정명正名은 말 그대로 이름을 바로잡는다는 말이다. 이름을 바로잡아서 무엇을 하는가? 자로는 공자에게 이름 따위 바로잡아서 무엇하겠냐고 물었다가 세련되지 못하다는 비난을 받는다.

사람은 사람답게, 사랑은 사랑답게, 각자 자기가 해야하는 몫을 해야 그 이름을 쓸 수 있는 거지, 그냥 나는 DNA가 사람이니까 사람이라고 우기면 그게 사람이냐? (p. 115)

자로가 "위나라 군주가 선생님에게 정치를 맡긴다면, 선생님은 무엇부터 하시겠습니까?" 라고 묻자, 공자가 "반드시 이름부터 바로잡겠다!"고 하였다.

자로가 "선생님의 우매함이 이 정도입니다! 바로잡아서 어쩌겠습니까?"라고 하자, 공자가 말하였다.

"촌스럽구나 유(자로의 이름)야! 군자는 모르는 것에 대해서는 말을 않는 법이다. 이름이 바로잡히지 않으면 말이 상황에 맞지 않고, 말이 상황에 맞지 않으면 나라의 일이 성사되지 않고, 일이 성사되지 않으면 예악이 흥하지 않고, 예악이 흥하지 않으면 형벌이 적절하지 않고, 형벌이 적절하지 않으면 백성들이 손발을 둘 곳이 없어진다. 그러므로 군자가 이름 짓는 것은 반드시 말로할 수 있고, 말로 하면 반드시 행할 수 있다. 군자는 그 말에 있어서 겉과 속이 다른 것이 없게 할뿐이다."

- 《논어》 〈자로〉 3

공자가 보았을 때 명名과 실實이 반드시 일치하도록 명名을 바로잡아야만 언어로 이루어진 명령과 이를 기반으로 하는 나라의 일이 제대로 시행이 되며, 그래야만 예악과 형벌이라는 국가의 제도가 바로잡힐 수 있고, 그래야만이 백성들이 자신들의 행동 수칙을 명확하게 알 수 있기 때문에 그만큼 정명은 중요한 것이었다. 그러나 공자가 말하는 정명은 사전을 편찬한다든가 언어순화 운동을 한다든가 하는 방식으로 해결할 수 있는 것은 아니다.

제 경공이 공자에게 정치에 대해 물었다. 공자가 "군주는 군주답고, 신하는 신하답고, 아버지는 아버지답고, 아들은 아들다운 것입니다."라고 답하였다.

제 경공이 "훌륭하다! 진실로 군주는 군주답지 않고, 신하는 신하답지 않고, 아버지는 아버지답지 않고, 아들은 아들답지 않다면 곡식이 있다고 하더라도 내가 어찌 이를 먹을 수 있겠는가?"라고 하였다.

－《논어》〈안연〉 11

"임금은 임금답고 신하는 신하다워야 한다"는 주장에서 알 수 있듯이, 이는 임금이라는 이름을 가진 자가 이에 걸맞은 덕목을 익히고 실천하기 위해 노력해야 한다는 의미다. 실제로 정명正名은 명名과 실實의 관계에 대한 것이라기보다 이름에 해당하는 실재는 덕목에 있다는 덕德-실實의 관계를 전제로 한다는 점에서 의의를 갖는다.

유정이 재주 많아, 여자 친구 하기에 손색이 없어. (p. 116)

계강자가 물었다. "중유(자로)는 정사를 맡길만 합니까?"

공자가 말하였다. "중유는 과단성이 있으니 정사를 맡기기에 무슨 문제가 있겠는가?"

계강자가 물었다. "단목사는 정사를 맡길만 합니까?"

공자가 답하였다. "단목사는 현실적 이치를 꿰뚫고 있으니 정사를 맡기기에 무슨 문제가 있겠는가?"

계강자가 말하였다. "구(염유)는 정사를 맡길만 합니까?"

공자가 말하였다. "구는 재주가 많으니 정사를 맡는 데에 무슨 어려움이 있겠는가?"

－《논어》〈옹야〉6

공자는 셋 모두 훌륭하다고 대답했지만 계강자는 그 중 염유
에게 벼슬을 맡긴다. 계강자가 염유를 택한 이유는 명시되어 있
지는 않지만, 자로와 자공의 성격을 미루어 보았을 때, 강단 있고
말을 잘 하는 그들은 계강자의 마음에 들지는 않았을 법하다.

공자인의 글 속
고전 이야기 10

공자의 교육 태도

부도덕한 군주 밑에서 벼슬하는 것을 단호하게 거부하고 후학을 양성하기 위해 고향으로 돌아간 공자는 학생을 받아들이는 데에 있어서는 매우 관대했다. 출신 지역이나 평판, 금전적인 대가 여부에 크게 개의치 않고 공부에 적극적인 태도를 보이는가 여부만을 두고 학생을 판단했던 것으로 보인다.

일부러 나 보고 찾아와서 같이 공부하고 싶다고 하는 태도를 봐야하는 거지... 그 사람이 밖에서 무슨 일 하고 다니는지 따져서 들어와라 마라 할 것도 아니고. (p. 117)

호향 사람들은 말을 섞기 힘들었다. 호향에서 남자아이가 공자를 알현하러 오자 문인들이 좋게 생각하지 않았다. 공자가 "나서서 노력하는 모습을 인정하고, 물러나서 취하는 태도를 보증하는 것이 아니니, 무엇이 문제인가? 사람이 자신을 잘 가다듬고 한 발짝 나올 때 그 가다듬은 것을 인정하는 것이지, 그가 돌아가서 하는 일까지 보증할 수는 없다."라고 하였다.

— 《논어》〈술이〉 29

호향 사람들과 말을 섞기 힘들었다는 것은 그 지역 출신 사람들을 한데 묶어서 차별하여 무식하거나 거칠다고 여긴 것으로 보인다. 그러나 공자는 호향에서 온 남자아이가 공자를 알현하러 찾아온 의지가 중요하다고 생각하여 받아들였다.

학년이고 성별이고 전공이고 성향이고 따지지 않을 거고.. (p. 117)

공자가 말하였다. "육포 한 묶음 이상만 가지고 스스로 찾아온 자는 가르치지 않아 본 적이 없다."

— 《논어》〈술이〉 7

'육포 한 묶음'이 정확하게 어느 정도인지는 알 수 없지만, 문맥상 작은 성의라도 보이면 공자는 학생으로 반드시 받아주었다는 의미로 해석할 수 있다. 공자 이전에는 귀족이나 부유층 자제를 위한 개인 교사는 있었지만, 계층에 상관없이 누구나 참여할 수 있는 교육은 존재하지 않았다. 공자는 이런 의미에서 교육계의 선구자였다고 할 수 있다.

공자인의 글 속
고전 이야기 11

공자의 정치인생 2

앞에서도 보았듯이 공자는 기회만 있다면 자신을 알아주는 군주를 만나 좋은 정치를 펴고 싶어했다. 그러나 훌륭한 군주를 만나는 것은 쉬운 일이 아니었기 때문에, 때로 군주 본인은 도덕적이지 않더라도 공자를 활용해 좋은 정치를 펼치고자 하는 의지가 있다면 한번 믿어볼 수 있지 않을까 마음이 흔들렸던 듯하다. 그럴 때마다 공자에게 쓴소리를 한 것은 자로였다.

행실이 좋지 않다는 비난을 받은 남자南子(위나라 영공의 부인)를 만나러 갔을 때도 공자는 자로에게 한소리를 들었다.

그거는 진짜 아무 일도 아니었다니까? 진짜 내가 뭔 일 있었으면 천

벌을 받는다! (p. 118)

　공자가 위 영공의 부인인 남자南子를 만났더니 자로가 좋아하지 않았다. 선생님이 맹세하면서 "내가 안 좋은 일을 한 것이 있다면 하늘이 나를 싫어할 것이다, 하늘이 나를 싫어할 것이다!"

– 《논어》 〈옹야〉 28

　행실이 안 좋은 사람을 만난 것도 그렇지만, 권력자가 아닌 권력자의 부인을 만나 혹시라도 벼슬자리를 얻으려는 시도를 한 것일까봐, 모두 올곧은 자로에게는 탐탁지 않게 여겨졌을 것이다. 그러므로 자로는 공자가 남자를 만나러 가는 것을 달가워하지 않았다. 그러나 공자는 불미스러운 일은 전혀 없었다고 거듭 부인했다. 이는 비단 성적인 행실뿐 아니라 정치적인 청탁 따위를 한 것이 아니라는 의미도 포함되어 있을 것이다.

　적통이 없는 반란자들의 청탁을 받아들이려고 할 때도 자로가 막아섰다.

법대 얼짱한테 차이자마자 언니하고 소개팅 하자고 불렀던 선배, 그 선배랑도 언니 소개팅 할 뻔 했죠? (p. 118)

　공산불요가 비 땅을 근거지로 하고 반란을 일으키며 공자를 불렀더니, 공자가 가고 싶어했다. 자로가 기뻐하지 않으며 말했다. "안 가고 말지, 어찌 하필 공산씨네로 가려 하십니까?"

　공자가 말했다. "나를 부르는 자라면 괜히 그러는 것이겠느냐? 나를 써주는 자가 있다면 내가 그 나라를 동쪽의 주나라로 만들 수 있을 것이다."

– 《논어》 〈양화〉 5

필힐이 부르자 공자가 가고 싶어했다. 자로가 "예전에 제가 선생님에게 듣기로는 '자기 자신이 불선한 일을 저지른 자에게 군자는 그 무리에 들어가지 않는다.'라고 하셨습니다. 필힐은 중모 땅을 기반으로 반란을 일으켰는데 선생님이 가려고 하시는 것은 어째서입니까?"라고 하니, 공자가 말하였다.

"그렇지만 이런 말도 있다. '갈아도 닳지 않으니 단단하지 아니한가! 진흙 속에 있어도 물들지 않으니 희지 아니한가!' 나는 무슨 바가지인가? 매달려만 있고 먹을 수는 없단 말인가?"

– 《논어》 〈양화〉 7

공산불요가 자신을 써주기만 한다면 그 나라를 '동쪽의 주나라'로 만들 수 있을 것이라는 말이나, 갈아도 닳지 않고 진흙 속에 있어도 물들지 않으리라는 말은 곧 부도덕한 군주를 만나더라도 자신만은 도덕성을 잃지 않고 이상적인 제도를 실현할 수 있으리라고 주장한 것이다. 그러나 공자는 끝내 이러한 제안들을 받아들이지 않았다. 덕이 있다는 칭송은 계속 들으면서도 실제 정치를 하지는 못한 자신의 처지를 매달려만 있고 먹을 수는 없는 바가지에 비유하며 한탄하였다.

자로는 공자에게 싫은 소리를 할 수 있는 거의 유일한 제자였던 것으로 보인다. 위 영공의 부인인 남자를 만난 문제로 안 좋은 소문이 날 것을 우려하여 잔소리를 한 것도 자로였고, 또 공자가 벼슬자리에 욕심을 내는 듯 보일 때마다 나서서 공자를 말린 것도 자로였고, 공자가 신세 한탄을 한 대상도 매번 자로였던 것으로 보아, 그 둘은 스승과 제자 관계 이상의 끈끈한 신뢰관계를 맺고 있었을 것으로 보인다.

공자인의 이상형은
마음과 매너가 모두 빛나는 자

안연희   유정이는 전부터 강욱이 선배가 멋있다고 했었어요. 건방진 모습도 당당해 보인다고. 저는 이해가 잘 안 가긴 하는데, 언니가 전부터 **사랑에는 내면만큼 겉모습도 중요하다**고 하셨잖아요, 그러면 강욱이 선배는 겉모습을 갖추고 있는 거니까 사랑의 조건에 반은 된 건가요?

공자인   내면만큼 겉모습이 중요하다는 건 맞는 말인데, 겉모습이라는 게 잘생긴 사람, 돈 많은 사람을 사랑하는 게 좋다는 얘기가 아니라, 누구랑 사귈 때도 **내면의 감정이 겉으로 표현될 때 갖춰야하는 형식도 있고 예의도 있다**는 말이지. 만약에 남자친구가 나를 정말 사랑한다고 하면서 나를 만날 때는 항상 무릎 나온 추리닝에 민소매 티셔츠만 입고 나와. 아니 남친이 백수고 우리끼리 둘만 만날 때는 괜찮을 수도 있지. 그런데 상견례에 부모님께 인사하는 데도 그러고 나와. 그러면 그거는 예의가 아니잖아?

안연희 아 그러면 겉모습을 잘 챙기라는 게 명품으로 휘감으라거나 하는 걸 말하는 건 아니군요.

공자인 사랑이라는 게 그냥 마음만 있다고 되는 건 아니고 상대방이 이해하고 받아들일 수 있는 적당한 형식으로 표현되어야 한다는 거야. 나 혼자 열렬히 사랑해서 너무나 위해주고 싶은 마음이지만 그렇다고 해서 상대방에 대한 예의는 지키지 않고 난 너무 아파서 누워있는데 무조건 만나고 싶다고 매달리고, 뽀뽀하는데 양치도 안 하고 그저 적극적이기만 하고 그러는 것도 사랑은 아니라는 거지.

안연희 언니, 바로 이해가 됐어요. 역시 언니는 제가 따라갈 수가 없는 존재인가 봐요. 정말 이제 언니가 하는 말다 이해할 것 같다 싶으면 또 바로 다음에 보면 언니가 더 훌륭한 사람처럼 느껴지고... 언니가 너무 훌륭해서 제가영원히 못 따라갈 것 같은데도 자꾸 더 노력하게 돼요! 언니를 스승으로 모시기로 한 게... 너무나 다행인 것 같아요.

공자인 연희야, 나는 니가 나보다 더 낫다고 생각한다. 전에 단목이한테 '니가 더 훌륭하니 연희가 더 훌륭하니?' 물었더니 심지어 단목이도 당연히 연희가 더 훌륭하다면서 자기는 하나를 들으면 둘을 알고 연희는 하나를 들으면 열을 안다고 하더라.. 물론 단목이가 자기 자랑도 빼먹지는 않았지만 어쨌든 개도 정말 연희만큼 훌륭한 애가 없다고...

안연희 언니처럼 인성 갑인 분이 그런 말씀 하시면 제가 부끄럽죠!

공자인 아니야, 나는 진짜 인성이 좋은 게 아니라 그냥 열심히 노력만 하는 것일 뿐이고...

주군 야.... 너희 원래 이래? 손발이 오그라들어....

주유이 둘이 맨날 저래요! 언니, 언니는 왜 연희만 예뻐해요? 저 없으면 언니 어떻게 사실 거예요? 언니가 전에 혹시라도 국토횡단 여행이라도 떠나게 되면 같이 갈 사람은 저밖에 없을 거라고 하셨다면서요? 언니, 언니 좋다고 쫓아다니는 애들 중에 제가 제일 깡다구도 있고 결단력도 있고 그런 거 맞잖아요?

공자인 너는 내가 한 번 한 얘기를 만나는 사람마다 하고 다니더라~ 그것도 맞지만 사람이 불의를 못 참는 거 하나로 훌륭한 사람인 건 아니잖아?? 너 진짜 그러다가 객사한다!! 용기나 과단성이라는 게 그 자체로 덕목인 건 아니고, 그걸 상황에 맞게 사용할 수 있는 기준이라는 게 있어야지. 그냥 용기만 많으면 되는 거면 결국 범죄자 되는 거야! 너 어디서 중요하지 않은 일에 목숨 걸고 덤비다가 크게 다치면, 그런 걸로 내가 절대로 칭찬하지 않아~

주유이   언니! 그럼 언니 연관된 일은 중요한 일이니까 나서도 되는 거예요?

공자인   부모형제를 생각해서 몸 사려. 아니, 나를 중요하게 생각하면 나를 생각해서 몸 사려라, 진심이야.

주유이   하아 네... 알겠어요.

공자인의 글 속
고전 이야기 12

공문십철孔門十哲

공자의 제자는 스쳐간 이들까지 따지면 삼천 명이라는 설도 있으나, 공자가 직접 육예를 가르쳐서 통달시킨 자는 77인이라고 하기도 한다. 그 중 《논어》에도 이름을 올린 유명한 제자들은 공문십철이라고 불리는 다음 열 명이다. 이 중 이 책에서 이름이 언급되는 이들은 안연(안회), 자공, 염유(염구)와 계로(자로)다.

덕행은 "안연, 민자건, 염백우, 중궁이다. 말을 잘 하는 자는 재아와 자공이다. 정사를 잘 다스리는 이는 염유와 계로다. 학문이 높은 자는 자유와 자하다."

－《논어》〈선진〉 2

덕행으로 유명한 안연은 공자의 사랑을 가장 많이 받은 제자다. 깊은 가난 속에서도 즐거움을 잃지 않으며, 멍청하다 싶을 정도로 공자의 말을 새겨듣고 그대로 실천하기만 했으며, 제자 중에 가장 공부를 좋아하고 인仁을 오래 유지했다는 등 많은 칭찬의 기록이 남아있다.

　그러나 《논어》에 남아있는 글 중 공자를 향한 가장 절절한 칭송 또한 안연의 입에서 나왔다.

언니가 너무 훌륭해서 제가 영원히 못 따라갈 것 같은데도 자꾸 더 노력하게 돼요! 언니를 스승으로 모시기로 한 게... 너무나 다행인 것 같아요. (p. 130)

　안연이 한숨을 쉬며 탄식했다. "우러르면 더욱 높고, 잘라내려 하면 더욱 단단하다. 보았을 때 앞에 계셨는데, 홀연히 뒤에도 계신다. 선생님은 사람을 살살 잘 어르셔서 나를 형식으로 도탑게 하시고 예로써 나를 절제시키시니 쉬려고 하더라도 할 수가 없다. 내 재주를 벌써 다 썼는데도 우뚝 솟아 계신 것 같으니 그만두고자 하더라도 할 수가 없구나."

– 《논어》 〈자한〉 10

　둘은 진심으로 서로의 가치를 알아보고 인정한 사제간인 듯 보이지만 주변의 다른 제자들이 박탈감을 느꼈을 법도 하다.

　말을 잘 했다는 자공의 이름은 단목사端木賜다. 그는 머리가 좋고 세상물정에 밝은 사람이었던지, 태생은 가난하였으나 재산이 늘어 부자가 되었다고 한다. 그러나 그는 안연과 비교해서 열위에 있던 제자였고, 이를 덤덤하게 받아들여서 오히려 공자의 칭찬을 듣곤 한다.

자공이 말하였다. "가난해도 아첨하지 않고, 부자가 되어도 교만하지 않으니 어떠합니까?" 공자가 "괜찮다. 그러나 가난해도 즐겁고, 부자여도 예禮를 좋아하는 것만은 못하다."고 답하였다.
자공이 "시에 말하기를 '자른 후에 갈고, 깎아낸 후에 갈아라' 고 하였는데 이를 말하는 것이었군요?"라고 하자, 공자가 "너와는 이제 함께 시를 논할 수 있게 되었구나. 지나간 이야기를 하니 앞으로 올 것을 아는구나."라고 하였다.

― 《논어》 〈학이〉 15

가난해도 아첨하지 않고 부자가 되어도 교만하지 않은 것은 자기 자신에 대한 이야기다. 공자는 그 정도도 훌륭하지만 그것보다 더 높은 경지도 있다고 대답하였다. 그 중 가난해도 즐거움을 잃지 않는 것은 안연에 대한 이야기인 듯 보인다. 다른 제자와의 비교에 발끈하는 대신 자공은 '절차탁마'하듯이 수양은 계속해야 하는 것임을 깨달았다고 대꾸하고, 공자는 자신이 의도한 바를 정확하게 알아듣고 수긍하는 자공을 칭찬한다.
공자는 이 정도에 그치지 않고 아예 안연과 자공을 직접 비교하는 질문을 던지기도 한다.

물론 단목이가 자기 자랑도 빼먹지는 않았지만 어쨌든 걔도 정말 연희만큼 훌륭한 애가 없다고... (p. 131)

공자가 자공에게 물었다. "너와 안회 중 누가 낫냐?" 자공이 "제가 어찌 안회와 비교하겠습니까? 안회는 하나를 들으면 열을 알고, 저는 하나를 들으면 둘만 압니다." 라고 대답하니, 공자가 말했다. "내가 그만 못하다. 너와 나는 그만 못하다."

— 《논어》 〈공야장〉 8

마지막 문장에 대해서는 이견의 여지가 있지만, "나와 너는 안회만 못하다"는 의미로 해석했다. 자공 또한 말 잘하고 똑똑하여 공자에게 큰 신뢰를 얻은 제자지만, 자신은 하나를 들으면 그 다음 일을 유추할 수 있을 정도인 데 반해 안회는 하나를 들으면 이치를 깨달아서 열 가지를 모두 통달하는 자라고 칭찬하였다.

한편 자로는 자공처럼 순순히 안연의 1등 자리를 인정하지는 못하였고 덕분에 공자에게 더 많은 비난을 받는다.

나는 진짜 인성이 좋은 게 아니라 그냥 열심히 노력만 하는 것일 뿐이고... (p. 131)

공자가 말하였다. "나는 태어나면서부터 아는 자가 아니다. 그저 옛것을 좋아하고 명민하게 탐구하는 사람일 따름이다."

— 《논어》 〈술이〉 19

공자를 존경하는 이들이 공자는 성인의 경지다, 태어날 때부터 모든 것을 알고 있었다 등으로 공자를 칭찬했던 말에 대한 대답인 듯 하다. 공자는 자신이 타고난 자질이 훌륭한 것이 아니라 그저 전통을 좋아하고 열심히 연구한 것일 뿐이라고 겸손해한다.

참고로 다음은 공자가 학문하는 태도와 인간의 단계에 대해 설명한 말이다.

공자가 말하였다. "태어나면서부터 아는 것이 최상이고, 공부하여 아는 것이 그 다음 단계이고, 곤궁해지면 그제서야 공부하는 것이 그 다음이고, 곤궁해도 공부 안하는 것을 사람들이 최악이라고 부른다."

— 《논어》〈계씨〉 9

언니가 전에 혹시라도 국토횡단 여행이라도 떠나게 되면 같이 갈 사람은 저밖에 없을 거라고 하셨다면서요? (p. 131)

공자가 말하였다. "도가 행해지지 않아 뗏목을 타고 바다에 떠간다고 한다면 나를 따를 자는 유(자로)겠구나!" 자로가 이를 듣고 기뻐하자, 공자가 말하였다. "유는 용기를 좋아하는 것이 나보다 지나치니, 그 자질을 쓸 곳이 없다."

— 《논어》〈공야장〉 7

공자는 중국에 도가 행해지지 않아 정치가 혼란스러우니 나라를 떠나야겠다며, 그런 상황에까지 이른다면 그 모든 위험을 무릅쓰고 자신을 따라나설 자는 자로밖에 없을 것이라고 말했다.

자로는 공자의 칭찬과 비난에 일희일비하는 지극히 인간적인 모습을 보이기 때문에, 《논어》를 읽는 이들에게 공감과 즐거움을 제공하는 캐릭터다. 이런 칭찬을 듣고 자로는 다시금 신이 나서 기뻐했으나, 공자에게 "그렇게 용기 있다는 말을 듣는 것을 좋아해서 무엇하냐"라는 꾸중을 듣는다.

너 어디서 중요하지 않은 일에 목숨 걸고 덤비다가 크게 다치면, 그런 걸로 내가 절대로 칭찬하지 않아~ (p. 132)

공자가 안연에 대해 "쓰임을 받으면 벼슬에 나아가고 자리가 없으면 물러나 지내는 것은 너와 나만이 그렇구나!"라고 하자, 자로가 "선생님이 큰 군대를 이끌게 된다면 누구와 함께하시겠습니까?"라고 물었다.

공자는 "호랑이를 때려잡고 강 건너기를 우습게보면서 죽어도 후회 없어하는 자와 나는 함께하지 않겠다. 나는 반드시 일에 임하여서 두려워할 줄 알고 계획 짜는 것을 좋아하며 이루어내는 자와 함께할 것이다."라고 답했다.

– 《논어》〈술이〉 10

이 경우에도 공자가 안연을 칭찬하자 이어서 자로가 자신의 용기를 인정해달라는 발언을 하는 모습이다. 그러나 공자는 상황에 따라 나서기도 하고 물러나기도 해야하는 것이지, 준비된 것도 없이 무조건 나서기만 하는 것은 잘못된 용기라고 호되게 혼을 내었다. 이렇듯 자로는 직설적이고 솔직하며 불의를 보면 참지 못하는 성격이었으며, 공자에게 조심하라는 조언을 끊임없이 듣는다.

용기나 과단성이라는 게 그 자체로 덕목인 건 아니고, 그걸 상황에 맞게 사용할 수 있는 기준이라는 게 있어야지. 그냥 용기만 많으면 되는 거면 결국 범죄자 되는 거야! (p. 131)

공자가 "유야! 너는 여섯 가지 말과 여섯 가지 폐단에 대해 들어보았느냐?"라고 하니, 자로가 "아닙니다."라고 대답하였다.

공자가 말하였다. "있어봐라, 내가 말해주겠다. 인仁을 좋아하면서 공부를 좋아하지 않으면 그 폐단은 어리석음이고, 지식을 좋아하면서 공부를 좋아하지 않으면 그 폐단은 너무 깊이 빠져드는 것이고, 신의를 좋아하면서 공부를 좋아하지 않으면 그 폐단은 도적이 되는 것이고, 올곧음을 좋아하면서 공부를 좋아하지 않으면 그 폐단은 포승줄에 묶이는 것이고, 용기를 좋아하면서 공부를 좋아하지 않으면 그 폐단은 난을 일으키는 것이고, 강직함을 좋아하면서 공부를 좋아하지 않으면 그 폐단은 광기다."

－《논어》〈양화〉 8

신의, 올곧음, 용기, 강직함 등은 모두 자로에게 있었던 덕목이지만 이를 공부를 통한 인격수양으로 다스리지 않으면 도적이 되고 범죄자가 되고 반란자가 되며 광기로 이어질 수도 있다는 것이다.

독서클럽은
공자인을 숭배한다

주군　와... 근데 자인이 잠깐 화장실 간 사이에 물어봅시다. 유이씨, 연희씨, 진짜 자인이를 어떻게 이렇게 좋아해요? 자인이가 뭐 신장이라도 하나씩 떼 줬나??

주유이　그냥 기본적으로 진짜 멋있어요. 언니 막 걸음걸이도 사뿐사뿐 하면서~ 치맛자락 날리는 것도 되게 멋있고, 맨날 옷 색깔 맞춰서 코트 매치하는 것도 되게 멋있고, 백에 맨날 레몬사탕 넣고 다녀서 항상 좋은 향기 나는 것도 멋있고, 그리고 앉기 전에 딱 의자 각 맞춰서 앉는 거 아시죠? 그런 거가 그냥 ... 아, 다 왜 이렇게 멋있지.

안연희　음식도 딱 예쁘게 잘린 것만 먹고, 술도 아무 브랜드나 안 마셔요. 딱 보고 소규모 브루어리에서 나온 홉

맥주만... 나중에 그러다가 집에서 막걸리 만든다고 할 것 같다니까요.

주군 그... 지금 하는 얘기들이 두 분이 자인이를 좋아하는 이유는 아니겠지? 그렇게 까탈스럽게 사는 게 좋아 보이는 건 아니죠?

주유이 아 당연히 이런 거는.. 그냥 언니 성격에 빠져들다 보니까 나중에 다 멋있어 보이는 그런 거죠. 언니가 공부를 워낙에 열심히 해서 모르는 것도 없고 그런 면도 진짜 멋있는데, 인격적으로... 뭐랄까... 후배들 정말 진심으로 위하고 챙겨주고 이러는 것도..

안연희 지난번에 저희 과에 자화가 어학연수 1년 간다고 했을 때, 친구들이 돈 모아서 선물 하나 해주자고 했더니 언니가 안 된다고 했거든요. 결국 유정이가 눈치 보다가 자인이 언니 빼고 돈 걷어서 선물해 줬어요. 그랬더니 자인 언니가 나중에 보고, 자화는 명품 백 메고 비즈니스석을 타고 유학 갔다고, **돈 있는 집에는 비싼 선물을 할 필요 없다고 하시더라고요.** 그때는 그런가 했는데, 그 다음에 원사라는 친구가 어학연수 간다고 했을 때, 언니가 그 동안에 장학금 모아뒀던 돈에서 몇 십 만원을 원사네 부모님께 드렸대요. 그 친구가 평소에 알바해서 부모님 용돈 드리면서 근근이 살던 집이라면서. **힘든 후배한테는 크게 베푸는 거죠.**

`주유이`　　맞아요, 그런 얘기 들으면 감동할 수밖에 없어요. 그리고... 사실 저희 자기 계발 동아리가 처음에는 의도가 좋았지만 나중에는 거의 연애 동아리 아니냐고 할 정도로 진짜 온갖 과에서 제일 예쁘고 잘생기고 배경 좋은 사람들만 들어오게 됐던 거 오빠도 아시죠. 그래서 동아리 내에서 소그룹 만들 때도 다들 엄청 조건 따졌어요. 아마 언니처럼 그냥 **누구든지 의지만 있으면 들어올 수 있다**고 한 그룹은 이거밖에 없을 걸요.

　물론 잔소리도 엄청 하고 가끔은 진짜 팩폭 오지기도 한데... 정말 후배들 하나하나 어떻게 사는지 엄청 신경 써주고 챙겨주고 그래요. 한 번 만나면 빠져들 수밖에 없다고 해야 하나...

`안연희`　　언니는 너희가 생각하는 것처럼 자기가 원래부터 훌륭한 사람인 건 절대 아니라면서, 자기는 그냥 **항상 노력하는 것에 불과**하다고 자꾸 그러는데, 하아 진짜 그런 겸손한 표현도 너무 대단한 거 같고... 어쨌든 그 노력하는 태도 자체가... 우리는 따라갈 수가 없는 그런 거 같아요.

`주유이`　　하아 진짜 이미 오빠도 보셨겠지만, 자인 언니랑 연희랑은 거의 무슨... 애인 사이도 그렇게 절절한 사이가 없을 것처럼... 아주 장난 아니에요. 지난번에 같이 놀러 갔다가 좀 무서운 사람들 만나가지고, 혼비백산해서 막 여러 명이 뛰어서 도망쳤는데 돌아보니까 연희가 없는 거예

요. 자인 언니가 난리 난리를 쳤는데 연희가 나중에 쫓아와가지고, 자인 언니가 막 울면서 너 죽은 줄 알았다고, 그랬더니 연희가 글쎄, "제가 언니를 두고 어떻게 죽냐"는 거예요!! 와 정말 닭살 돋아서 다들 기절할 뻔 했다니까요.

주군　　하아... 그... 내가 보기엔 유이씨도 지금 장난 아니기 때문에... 근데 지금 이런 친구들이 더 있다는 거 아니예요?

주유이　　자주 나오는 친구들은 열 명 정도 되고, 왔다갔다 하는 사람들 다 세면 칠팔십 명은 있을 걸요? 글고 언니 인스타 팔로워는 삼천 명이에요.

주군　　자인이가 인스타를 해요??

주유이　　아... 그러니까 정확하게 언니가 하는 건 아니고, 저희가 언니가 하신 말들 좀 짧고 예쁘게 편집해서 인스타에 올려요. 그런 거 있잖아요, 오늘의 명언 같은 거.

주군　　와... 진짜 장난 아니다... 신흥종교 집단 같아요 솔직히...

안연희　　그렇지만 선배도 자인 언니 매력을 잘 아시니까 아직까지 친구 관계 유지하시는 걸 거 아니에요?

주군　　아니 뭐, 예쁘고 당연히... 너희 말대로 옷도 잘 입고, 항상 단정하고, 모범생이고.. 남 돕겠다고 항상 나서고, 되게 예상치 못한 데서 혹 들어와서 배려해주는 그런 면이... 그래요 무슨 말인지 알겠네요. 요즘 험한 세상에 자인이만한 애가 없죠. 사귀면 정말로 나를 사랑해 주겠죠, 항상 예의 바르게, 마음을 다 해서 대해줄 거고.

주유이　　그러면 왜 안 사귀시는데요?

주군　　자인이랑 있으면 항상 마음이 힘들 거 같아. 용서란 없는 칼 같은 시비 판단에 나도 항상 도덕적인 삶을 추구해야 할 거고. 매일매일 남들을 대하는 내 행동을 돌아봐야 하겠죠... 내가 과연 그렇게 할 수 있을까, 나는 좀 자신이 없어요...

주유이　　그러면 언니한테 확실하게 얘기하고 놓아주세요. 언니 오빠가 말 확실하게 하지 않으면 오빠 포기 못할 거예요. 자인이 언니는 큰 일 할 사람이니까, 오빠한테 매달려서 세월 보내는 거 제가 못 보겠어요.

주군　　....

공자의 매력 포인트 - 1:1 맞춤 대응

공자는 같은 질문일지라도 제자들의 성격이나 상황에 따라 각각 다른 대답을 하였는데, 제자들 각각의 개인적인 성향과 배경 등을 일일이 파악하고 필요한 대응이 무엇일지를 생각한 것이다. 이와 마찬가지로 제자들의 경제적인 상황을 고려하는 세심함을 보이기도 했다.

그때는 그런가 했는데, 그 다음에 원사라는 친구가 어학연수 간다고 했을 때, 언니가 그 동안에 장학금 모아뒀던 돈에서 몇 십 만원을 원사네 부모님께 드렸대요. (p. 141)
　자화를 제나라에 심부름을 보내면서 염자가 그의 어머니를 위해 곡식을 청하였다. 공자가 "열 되를 드려라."라고 하였는데, 더 달라고 하자, "스무 되를 드려라"라고 했다. 염자는 오병의 곡식을 드렸다. 공자가 말하였다. "자화가 제나라로 갈 때 살찐 말을 타고 가벼운 가죽옷을 입었다. 내가 듣기로 군자는 급한 자를 먹이는 것이지 부자의 대를 잇게 해주는 것은 아니라고 했다."

– 《논어》 〈옹야〉 3

원사가 가재家宰가 되었을 때 곡식 구백 되를 주었더니 사양하였다. 공자는 이렇게 말했다. "아니다! 이웃과 동네와 함께 먹어라!"

– 《논어》 〈옹야〉 3

《논어》에서 이 두 구절은 붙어서 등장한다. 《논어》를 편집한 이도 공자가 부유한 제자를 대한 태도와 가난한 제자를 대한 태도의 차이를 대조하려고 한 것으로 보인다.

가난한 학생을 무시하고 차별하는 것이 아니라 반대로 가난한 이는 적극적으로 도와주려고 하는 태도는 당시의 제자들에게 큰 감동을 주었을 것이다.

겸손과 성실

공자는 자신을 성인으로 추켜세우는 이들에게, 자신은 성인이 아니라 최선을 다 하여 공부하며 제자들을 대할 뿐이라고 말한다.

하아 진짜 그런 겸손한 표현도 너무 대단한 거 같고... 어쨌든 그 노력하는 태도 자체가... 우리는 따라갈 수가 없는 그런 거 같아요. (p. 142)

　공자가 "성인답고 인仁한 것, 내가 할 수 있겠는가? 그저 행하면서 질리지 않고, 사람들을 가르치는 데 게으르지 않는다고는 말할 수 있을 뿐이다."라고 하니, 공서화가 말하였다. "이것이 바로 제자들이 배울 수 없는 것일 뿐입니다."

- 《논어》 〈옹야〉 33

　공자는 자신이 태어날 때부터 알았던 사람도 아니고, 성인도 아니며 그저 공부하기를 좋아하는 사람일 뿐이라고 거듭 말한다. 그러나 제자들은 이런 그의 한결 같은 최선의 모습이 곧 제자들이 흉내내기 어려운 부분이라고 대답하였다.

제자에 대한 사랑

　앞에서도 말했듯이, 안연에 대한 공자의 사랑은 유별났다. 광 땅에서 어려운 일을 당했을 때에도 혹시라도 안연이 먼저 죽었을까봐 전전긍긍하였고, 이에 대해 안연 또한 공자를 두고 먼저 죽을 수는 없다고 답한다. 물론 결국은 공자가 걱정한 일이 벌어졌지만 말이다.

자인 언니가 난리 난리를 쳤는데 연희가 나중에 쫓아와가지고, 자인 언니가 막 울면서 너 죽은 줄 알았다고, 그랬더니 연희가 글쎄, "제가 언니를 두고 어떻게 죽냐"는 거예요!! (p. 143)

공자가 광 땅에서 두려운 일을 당하였는데 안연이 뒤쳐졌다. 공자가 "나는 네가 죽은 줄 알았다."라고 하니, 안연이 대답했다. "선생님께서 계시는데 제가 어찌 감히 죽겠습니까?"

– 《논어》 〈자한〉 5

제자들은 이 외에도 많은 이유로 공자의 인성에 탄복하며 그를 최고의 성인이라고 여겼다. 《논어》를 읽다보면 공자에 대한 제자의 존경이 살아 숨쉬는 듯 느껴진다.

주군은 자인을
감당할 수 없다

공자인　피곤하지? 여기 한 번 모이면 엄청 수다 많이 떨어서.. 책은 거의 읽지도 못하는 거 같아. 빨리 집에 가자, 너 힘들 거 같다.

주군　와, 자인아.. 쟤네 진짜 너 엄청 사랑한다! 근데... 쟤네가 있어서 연애를 못하는 거 아니겠니? 저렇게까지 너를 숭배할 남자를 찾을 수가 없을 거 같은데..

공자인　연애는 못 해도 되는데, 나랑 생각이 같은 후배들은 있어야지... 연애하려면 예뻐져야 한다느니 너도 스펙을 키워야 좋은 남자 만난다느니 그런 말 안 하니까 애들이 좋아하는 거 같기도 하고.. 찾아오는 애들은 안 돌려보내고 다 얘기 들어주다보니까 이렇게 됐어. 여튼 요즘은 이게

낙이야.

주군　　야,　걔네는 니 말 다 받아 적어서 나중에 책 낼 기세더라. 특히 연희 걔는 너무 진지하던데.

공자인　　연희는 진짜 특별해. 쟤는 사실은 연애하고 싶은 생각이 없어. 그냥 사랑이란 무엇인가 좋은 사람이란 무엇인가 이런 거가 진짜 궁금한 거야. 나는 쟤 진짜 사랑하는 거 같아. 내가 여자도 좋아할 수 있으면 쟤랑 사귀고 싶다 차라리.

주군　　하아... 자인아, 나 진짜 솔직하게 얘기할게. 내가... 너 좋아하지 않는 게 아니라는 거 너도 알 거야. 사실... 학원에서 첨 만났을 때부터.. 너 좋아했잖아. 내가 다미 누나랑 너 사이에 저울질한다고 생각하는 거 알아. 근데... 나는 사실 다미 누나를 좋아한 적이 있던 건 아닌 거 같아. 다미 누나한테 의지하게 되는 이유는 니가 너무 빡세서 그래. 다미 누나랑 있으면 내가 부족한 사람이 된 거 같은 느낌이 들지는 않거든, 나를 판단하지 않는 것 같은 느낌, 내가 이래도 저래도 될 것 같은 느낌. 너를 좋아하면서 받는 상처가 많아서 다미 누나 같은 사람이랑 그냥 가만히 있고 싶은... 그런 마음이 들 때가 있는 거야.
　너는... 니가 너무 모범생이기도 하고 인간이나 관계에 대한 기대치도 높고, 너랑 사귀는 게 정말 쉬운 일이 아니야.

내가 용기를 못 내겠다.

공자인　하아.... 나는 정말 이해를 못 하겠다. 그런 너랑 사귈 수도 없고, 그렇다고 내가 바뀔 수는 없어서.... 우린 정말 안 되나보다, 그치? 그렇지만 너... 다미 언니도 조심해. 그 언니가 너를 판단하지 않는 게 아니야. 판단하지만 겉으로 표현하지 않는 것뿐이지. 나는 적어도 내가 하는 생각 네 앞에서 하는 말 그대로 너 뒤에서도 하는 거야. 나한테는 뒤통수 맞을 일은 없어. 다미 언니는....

주군　그래, 나도 알아. 나는 결국 그 누나랑도 못 사귀겠지. 내가 정말... 나쁜 놈인 게 맞다, 유이 말대로.
　내가 할 말인지 모르겠지만... 나 이번에 전역 동기인 친구 중에.. 정말 봉사에 목숨 거는 애 있는데, 너 소개해주고 싶다. 걔가 느낌이... 너랑 굉장히 비슷하거든, 기준 높고, 자기희생적이고... 둘이 사귀게 된다고 하면 내가 맘 아프겠지만 그래도 내가 너 계속 붙잡고 있을 수도 없을 것 같아서.

공자인　하아, 다미 언니가 맨날 좋아하는 사람 소개팅 해주는 거라고 하더니만.

주군　그.. 런 건가. 여튼 우리... 진짜 이제 친구로 남자. 너도.. 나 소개팅 해줘.

IV.

이다미와
요가클럽

요가클럽은
자인이의 열정을 비웃는다

이다미   자인이랑 결국 완전히 헤어졌다는 말을 들었네.

주군   자인이가 그래?

이다미   설마 자인이가 나한테 바로 얘기 했겠니... 소문이 그렇다 이거지.

주군   진짜 누나 후배들이 몰려다니면서 자인이 뒷담하고 그래? 그 친구들한테 들은 거야?

이다미   걔네 입장에선 자인이가 황당한 거지.. 사랑이 이거니 저거니 말만 많고 이상은 엄청나게 높은데, 막상 누가 사귀자고 하면 싫다고 튕기고, 그러면서 그건 진정한 사

랑이 아니라느니... 사실은 이성에 대한 기준을 그냥 놓아
버리면 되거든. 진정한 사랑이니 뭐니 하는 거 결국 자의적
인 판단이잖아?

`주군`　　　그렇다고 아무하고나 사귀는 게 좋은 것도 아니
잖아.

`이다미`　　　사실... 자인이처럼 이상이 높으면 그냥 아무도
만나지를 말아야지. 하나 하나 만나보고 하나 하나 거절해
서 될 일인가, 나처럼 그냥... 어차피 고매한 사랑 따위 기대
하지 않는다~ 그냥 물러나서 밭이나 갈고 꽃이나 가꾸자
이런?

`주군`　　　뭐야, 누나 그냥 클럽에서 만난 애들 미련 없이
하루 보고 다음날 헤어지고 이러는 거 아니었어?

`이다미`　　　응, 그건 사랑에 대한 이상과는 별개고. 그런 거
기대도 안 한다 이 말이지.

`주군`　　　자인이가 참 그게 되겠다, 누나한테는 그런 삶도
어울리지만...

`이다미`　　　뭐 애들이 전에 학관 동아리방 앞에서 만나 티
격태격했다고는 하더라. 저 언니가 자인이 언니냐, 라고 누

가 했더니, 내 후배 누가 "아~ 그 안 되는 거 알면서 하는 언니?"라고 말했다는데 자인이가 들었다더라 뭐 이런 얘기. 어차피 그런 사랑이 세상에 어딨어, 더러운 거 피할 거면 그냥 시도를 말아야지.

주군 그게... 봉사도 뭐도 필요 없다는 거랑 비슷한 맥락인가? 의심 받으니 아무 것도 안 하는 게 낫다?

이다미 자인이가 그래? 아휴... 의심을 받느냐 마느냐가 그렇게 중요한 건 아니지. **그렇지만 좋은 일을 한다는 게 자기 마음에 일말의 의도도 생기지 않기는 힘들다.** 자인이는 진실한 사랑, 나 자신의 이익을 하나도 고려하지 않는 순수한 타인을 위한 배려가 가능하다고 생각하는 거 같지만 내가 보기엔 그렇지 않거든. 나도 너를 좋아하지... 너 보면 잘생겼으니까 옷도 사주면 잘 어울릴 것 같고, 뭐 니가 남들처럼 어학연수는 못 가고 워킹홀리데이에 나머지는 무전 여행하느라 연락도 안 된다고 하면 돈이라도 부쳐줄까 싶기도 하고 그렇기도 하지.

주군 그.. 누나도 그런 생각하는 줄은 몰랐어.

이다미 그렇지만, 과연 내가 너한테 어학연수하라고 수백 만원 보내준다고 쳐봐. 니가 나한테 부담을 느끼겠어 안 느끼겠어? 그러면 그 다음에 니가 나한테 하는 행동이

자연스럽겠어 안 자연스럽겠어? 물론 그런 식으로 관계를 만들 수도 있지... 자인이가 잘해주고 계속 베푸니까 후배들이 자인이 모시고 다니는 거 봐, 그렇지만 나 같으면...

과연 내가 하는 이 행동이 그냥 순수한 좋은 의도에서 나오는 건지, 아니면 사실은 저렇게 숭배 받고 싶어서, 내가 후배들 사이에서 여왕으로 군림하고 싶어서 하는 건지 나 자신을 자꾸 의심하게 될 거 같아. 과연 받으려고 주는 것인가, 아니면 주는 것 자체가 기뻐서 주는 것인가? 내의도는 과연 무엇인가? 위선인가? 진정한 선이 가능하기는 한가?

결국은 아무 것도 안 하는 것이 차라리 순수하지 않냐고 자인이한테 얘기했다가... 여튼 그래서 우리 사이도 멀어진 거지. 어쨌든 그런 식으로 자기 의도를 너무 명확하게 밝히는 건 손해라니까? 결국 그거에 동의하지 않는 사람이랑은 갈라서게 되니까!

이다미는
영원을 꿈꾼다

주군　　누나는 그래서 아무 말도 안 하는 거야? 자인이 상처받는 거 알면서도 걔네한테 자인이 그런 애 아니다, 그런 얘기하고 다녀서 뭐하냐, 이런 말은 안 해?

이다미　　주군! 너 자인이네 독서모임 갔다왔다더니 완전 자인이랑 똑같이 말한다?

주군　　나 진짜 궁금해서 그래. 아니, 자인이가 상처받는 거 보고 싶지 않기도 하고. 어쨌든 좋든 싫든 누나가 그 요가클럽 애들 리더인 건 사실이잖아. 누나 뒤에 업고 그런 얘기하고 다니면 누나가 그런 소리 하지 말라고 해줄 수도 있잖아.

`이다미`　리더는 무슨 리더야! 난 진짜 그런 거 아니야. 자인이 같으면 자기가 독서클럽 리더고, 그러니까 자기가 나서서 클럽 멤버들을 올바른 길로 이끌어야 한다느니 솔선수범을 하고 뭐 교화를 하고 그래야 한다고 하겠지만... 그렇게 앞으로 나서는 사람은 결국은 욕먹고 무시당해. 최고의 리더는 그냥 그 자리에 이름만 있는 사람이야. 그냥 씩 웃고 물러나고, 애들이 뭐라고 하든 그런가보다... 하면서.

`주군`　그래도 자인이는 또 후배들한테 엄청 인기 있기도 하잖아.

`이다미`　어떤 애들한테 인기 있으면 또 어떤 애들한테는 욕도 먹고, 그러는 게 현실이야. 나는 빨간색이 좋다! 그러면 누군가는 파란색이 좋다고 싫어하고, 나는 파란색이 좋다! 라고 하면 누군가는 자기 빨간색 좋아한다고 싫어한다고. 결국 모든 것은 상대적이기 때문에.. 상대적인 건 금방 사라져버릴 수밖에 없어. 상대적인 것에서 초월해서... 있는 듯 없는 듯, 자기 주장 내세우지 않는 게 차라리 누구한테나 좋은 사람이라는 소리 듣는 거고.

`주군`　누나, 결국 자기가 원하는 거 내세우지도 못하고 친구가 욕먹을 때 편들어 주지도 못하면 그렇게 좋은 사람이라는 말 들어서 뭐해?

이다미　주군, 너도 여태껏 그렇게 우유부단하게 살아왔던 거 아냐? 그래서 너랑 나랑 잘 지내는 거 아니야? 너 자인이랑 싸울 때마다 나 찾아온 거였잖아. 전에 술 마시고 차라리 나랑 사귀자고 했을 때, 너 그때도 자인이랑 싸우고 온 거였지? 내가 몰랐을 거 같아? 니가 자인이 좋아하는 것처럼 나 좋아하지는 않는다는 거 나도 알아, 그래도 결국 자인이보다 내가 먼저 너한테 사귀자는 말 들은 거야. 그런 게 현실이라고.

주군　누나는... 편하고 좋을 때도 많지만, 결국은 자인이보다 무서운 사람이야.

이다미　니가 상처받고 힘들 때, 나는 나서서 니 편 들어주거나 하지 않을 거야. 그래서 내가 무서운 사람이라고 하는 거면, 맞아, 그런 거야. 자인이처럼 그 수많은 후배들 돈 없다고 하면 돈 빌려주고 사랑에 상처받았다고 하면 같이 울어주고 나는 그런 거 안 해. 나서서 잘 해주면 혹시라도 소홀하면 욕 하고, 한 명 힘들다고 챙겨주면 옆에서 아흔아홉 명이 자기한테는 저렇게 안 해줬다면서 서운해 해. 리더는 그런 식으로 하는 거 아냐. 지금 자인이 저렇게 인기 많아도, 시간 좀 더 지나봐... 저 독서클럽 서로 견해 다 갈라져서.. 누구는 자인이 역시 나쁜 년이었다느니 울고불고 누구는 자인이 언니한테 어떻게 그러냐면서 머리끄뎅이 잡고 난리 날 걸? 어쨌든 나는 요가 모임 하는 애들한테 굳이 리더랍시고 이래라 저래라 할 생각도 없고, 걔네 때문에 상처받을 생각도 없어. 1년 후에 봐, 결국 개 클럽은 사라져도 지금 별로 결속력도 없어 보이는 요가모임은 계속 갈 테니까.

주군 　 그럼 결국 누나는 가늘고 길게, 하는 일은 없지만 클럽 리더라는 이름은 유지하고 싶다, 그런 거야?

이다미 　 이름뿐이냐고? 그게 왜 이름뿐이야, 내 마음이 평온하고, 내 편이다 니 편이다 말로 표현하지 않아도 성향 비슷한 사람들이랑 함께 모여 있고, 오히려 그게 온 세상이 내 것 같은 거지. 아무 생각도 없는 것처럼, 아무 특성도 없는 것처럼, 그냥 가만히 있으면 어느 후배가 새로 들어와도 걔한테 또 좋은 선배가 될 수 있는 거고, 시대가 바뀌고 애들 성향이 바뀌어도 또 새로 적응할 수 있는 거야.
　너무 내 성향을 내세워도 안 되고, 어느 한 쪽 특성만 좋은 거라고 강조해도 안 되고...

주군 　 하아... 나는 이것도 모르겠다. 자인이한테는 못 사귈 거 같다고 말하긴 했는데... 자인이 상처 받는 건 보고 싶진 않고, 누나라도 좀 잘 해주면 안 되냐 자인이한테...

이다미 　 주군, 장난 하지 마. 자인이가 상처 받은 건 너 때문인 게 제일 커. 걔 너 배낭 여행 떠나고 완전 폐인됐었어. 걔가 그렇게 남자 많이 만난 거 뭣 때문인 거 같아? 너만 말 확실하게 하고 떠났어도 걔가 그러지도 않았지. 걔 마음엔 너밖에 없어. 그리고 내가 보기엔... 너도 결국 걔밖에 없을 것 같은데 무슨 서로 소개팅을 해주기로 약속을 하고... 아주 둘 다 웃겨.

주군 　그 얘긴 또 언제 들었어. 그래도.... 서로 약속했으니까.... 나 걔 소개해줄 애 있어. 걔 만나고 나면 내가 진짜 괜찮은 애라는 거 알게 될지도 몰라.

이다미 　어쩐지.. 니가 꿍꿍이가 있었겠지. 그래서 어떤 앤데?

주군 　골 때리는 또라이 같은 애 있어... 가는 여자 안 잡고 오는 여자 안 막는다는 천하의 겸묵이라고... 사랑이란 뭐고 어쩌고 하는 게 자인이랑 아주 쿵짝이 자알 맞거나... 아니면 대판 싸우고 그냥 자기는 우유부단한 남자가 차라리 낫다고 할지도....

이다미 　둘이 확 사귀었으면 좋겠다, 너 맘고생 하는 것 좀 보게.

주군 　누나!

이다미　　어쨌든 기대된다! 자인이가 너 누구 소개해줄 건지도 궁금하고~

주군　　하아... 나도. 예뻤음 좋겠다.....

이다미　　아휴, 너도 정말 구제불능이다....

공자인의 글 속
고전 이야기 14

유가와 도가의 갈등 2 - 도가의 공자 비판

《논어》에는 도가계열로 보이는 은자의 무리들이 공자를 비난하는 대목이 몇 번 등장한다. 이는 실제로 있었던 일이라기보다는 후대의 기록으로 보기도 한다. 그러나 이것이 도가와 유가의 사상 차이를 반영한다는 점에는 이견이 없을 것이다.

은자들은 공자가 이 나라 저 나라 다니면서 통치자들에게 거부당하거나 그들의 부도덕한 행위에 실망하고 돌아서는 것에 대해, 어차피 이 세상은 이미 다 타락했으니 아예 모든 것을 피해 은둔하는 것이 더욱 현명하다고 조언한다.

어차피 고매한 사랑 따위 기대하지 않는다~ 그냥 물러나서 밭이나 갈고 꽃이나 가꾸자 이런? (p. 155)

장저와 걸닉이 짝을 지어 밭을 갈고 있었는데 공자가 옆을 지나면서 자로에게 나루터가 어디 있는지 물으라고 시켰다.

장저가 "저기 마차를 잡고 있는 자는 누구요?"라고 하니, 자로가 "공구라고 합니다."라고 하였다. "혹시 노나라의 공구인가?" "맞습니다." "그러면 나루터를 알고 있소."라고 했다.

걸닉에게 물었다. "자네는 누구인가?" "중유입니다." "노나라 공구의 제자요?" "맞습니다." "홍수가 나서 천하에 물이 가득한데, 누가 이를 바꾸겠소? 또, 사람을 피해 다니는 자를 따르느니, 차라리 세상을 피해있는 자를 따르는 것이 낫지 않소?" 하더니 씨 뿌리기를 멈추지 않았다.

자로가 돌아가서 그대로 고하였다. 선생님(공자)은 잠시 멍하니 있더니 이렇게 말했다. "새나 동물의 무리와 함께 살 수는 없는 법, 내가 이 사람들의 무리와 함께하지 않으면 누구와 있겠는가? 세상에 도가 있다면 바꾸려고 하지도 않을 것이다."

— 《논어》〈마자〉 6

어차피 그런 사랑이 세상에 어딨어, 더러운 거 피할 거면 그냥 시도를 말아야지. (p. 156)

자로가 석문에서 묵었더니 새벽에 누가 묻기를 "어디 출신인가?"라고 했다. 자로가 "공씨학파 출신입니다."라고 했다. 그는 이렇게 말했다. "안 되는 것을 알면서도 하는 사람을 말하는가?"

－《논어》〈헌문〉 41

타락한 세상에서 왜 자기 자신까지 더럽히며 살고 있냐는 은 자들의 비판에 대한 공자의 대답은 두 가지다. 첫째로는 인간이 인간 사회를 버릴 수는 없다는 것, 그리고 둘째로는 누군가는 세 상을 바꾸기 위해 노력해야 한다는 점이다. 평화롭고 공정한 세 상이라면 영웅이 필요하지도 않을 것이다. 타락한 세상이라고 해 서 모두가 다 은둔하여 조용히 살아간다면 타락한 정치가들만 더욱 배부르고, 국민들은 더욱 힘겨운 세상이 될 것이 뻔하다.

남들 앞에 나서서 좋은 방향으로 끌고 가려고 노력하는 자는 의도가 불순하다는 의심을 살 수도 있고, 어차피 목적을 이루지 못할 것이라는 조롱을 받을 수도 있지만 그럼에도 불구하고 인 간 사회에 남아서 올바른 길을 향해 끊임없이 노력하는 것이 유 가적인 삶의 태도다.

그러나 《도덕경道德經》이 전달하는 가르침은 자신의 견해를 강하게 드러내며 도덕적이든 비도덕적이든 시비 판단을 하여 어 떤 방향으로 이끌어가려고 하는 지도자는 최상의 지도자일 수 없다는 점이다. 이는 한 편으로는 무위자연의 편안한 상태를 최 상으로 여기기 때문이지만, 다른 한 편으로는 구체적인 특징을 내세우면 이에 반대하는 경우는 포용할 수 없기 때문이기도 하 다. 노자는 구체화되지 않은, 전체를 아우를 수 있는 도道를 최 상의 것으로 생각했다.

최고의 리더는 그냥 그 자리에 이름만 있는 사람이야. 그냥 씩 웃고 물러나고, 애들이 뭐라고 하든 그런가보다... 하면서. (p. 159)

최상의 지도자는 아랫 사람들이 그가 있다는 것만 아는 자다. 그 다음은 가까이 여기고 모두들 칭송하는 자이다. 그 다음은 두려워하는 자이고, 그 다음은 아랫 사람들이 모욕하는 자이다. 말에 신의가 부족하면 신뢰받지 못하는 부분이 생긴다. 지도자가 말을 아끼고 실질적인 결과만을 이룬다면 백성들은 모두 우리에게 이런 일들이 저절로 벌어졌다고 생각할 것이다.

- 《도덕경》 제17장

있는 듯 없는 듯, 자기 주장 내세우지 않는 게 차라리 누구한테나 좋은 사람이라는 소리 듣는 거고. (p. 159)

텅 빈 덕의 모습은 오직 도를 따른다. 도라는 것의 성격은 그저 형체가 없고 미묘하다. 미묘하고 형체가 없지만 그 안에 형상이 있고, 형체가 없고 미묘하지만 그 안에 사물이 있다. 그윽하고 어둡지만 그 안에 본질이 있다. 본질은 지극히 진실 되어서 그 안에는 신의가 있다.

- 《도덕경》 제21장

도는 텅 비어있고 형체가 없이 파악되지 않기 때문에, 좋고 나쁨, 옳고 그름, 아름답고 추함의 어느 한 쪽에 치우치지 않는다. 어느 한 쪽만을 선택하지 않기 때문에 도 안에 세상 모든 것이 포괄될 수 있는 것이다. 도는 아름답고 옳은 것이라고 주장했다

공자인의 글 속 고전 이야기

면 세상의 아름답지 않고 올바르지 않은 것은 모두 도의 영역 외부에 있게 될 것이며, 그렇다면 도는 세상의 반쪽만을 지배하는 도가 되었을 것이다.

공사가 각각의 역할의 구체적인 경우에 따른 덕목과 규범을 강조한 것과는 다르다.

V.
에필로그

공자인 강욱아, 유정아, 이제 우리 독서 모임에 너희 그만 나왔으면 좋겠어...

계강욱 왜 내가 뭘 잘못해서??

공자인 너 요즘 재벌 3세인 거 내세워서 교통법규 어기고도 경찰에게 뇌물 주려다가 고소 당하고 변호사 사서 빠져나오고 그랬다고 너희 형한테 연락 왔더라. 너 좀 사람 만들어달라고 부탁했는데 이게 무슨 일이냐며.

계강욱 왜, 돈 있는데 그 정도는 해도 되는 거 아냐? 그 경찰들도 박봉에 시달리는데 내가 돈 좀 주고 눈 감아 달라고 하면 그 사람도 더 좋을 수도 있지, 왜 그렇게 박하게 굴어?

공자인 염유정... 그래도 너희 둘이 사귄다고 했을 때는 니가 강욱이 옆에서 잔소리도 좀 하고 그래서 애 정신 좀 차리게 할 줄 알았는데 애 어쩌니? 니가 좀 어떻게 해봐라...

염유정 언니, 제가 언니가 여태까지 해주신 얘기들이 틀렸다고 생각하는 거는 아니에요. 물론 좋은 사람이 되려고 노력하는 것도 중요하겠죠, 그리고 좋은 사람 만나는 것도 중요하고요. 그렇지만 언니는 현실적이지는 않아요. 오빠는 돈 많은 집에 학벌도 좋은, 진짜 일등 신랑감이에요. 제가 오빠랑 성격 잘 맞아서 잘 사귀고 있는 거구요. 오빠가 제 말은 들은 척도 안 해요, 아시잖아요.

공자인   유정아, 너 시도는 해 보고 그러니? 좋은 연애라는 건 서로 차라리 좀 싸우더라도 기본적인 선은 좀 지키도록 이끌어 주는 건데.. 너는 아예 시도도 안 하고 안 된다고 하는 거 아닌가 싶다...

강욱이 오히려 너랑 사귀고 나서 더 기고만장해져서 여기저기 사고치고 다니는 것 같던데... 둘이 요즘 여기저기 돈 뿌리고 다니면서 과에 좀 힘든 애들 따돌리고 무시하고 그런다는 소문도 들었어. 유정아, 나 정말 너 그럴 줄 몰랐는데...

계강욱   유정이가 나 하는 짓마다 다 우쭈쭈 우쭈쭈 해준다 왜? 유정이한테 내가 명품으로 도배해 줘서 유정이가 나 엄청 좋아한다고~ 좋은 것만 사주면 오빠 오빠 하면서 사근사근하게 구니까 내가 아직 사귀지, 너처럼 잔소리하면 내가 유정이 만나겠냐?

공자인   유정아, 진짜로 그런 거야? 이런 소리 듣고도 기분 안 나빠?

염유정   ....

공자인   와 진짜 너희 둘은 정말 내가 완전 정 떨어진다! 둘 다 나가 그냥, 이제 친구라고 부르지도 마. 아 정말.

염유정   언니, 저한테는 몸 사리지 말고 잔소리하라고 하셨는데, 유이한테는 몸 좀 사리라고 하셨다는 말 들었어요. 저한테는 지금 몸 사렸다고 그만 봤으면 좋겠다고 하시는데 너무 하시는 거 아니에요?

공자인   걔는 평소에 몸을 안 사리니까 몸 좀 사리라고 하는 거고, 너는 너무 조심만 하잖아! 너 다른 사람한테는 싫은 소리 한 번도 못하더니 오히려 나한테는 화를 내는구나?

염유정   언니가 연희만 예뻐하시니까 그렇죠! 언니가 맨날 독서모임에서 강조하시던 거, 사랑하는 법을 배우라고, 제가 강욱 오빠 사랑하는 건데 제가 더 잘 하고 있는 거 아니에요? 연희는 연애할 생각도 안 하잖아요!

공자인   사랑한다는 건 나 자신을 먼저 사랑하고 그 다음에야 남을 사랑할 수 있는 거야... 너는 연애하려고 자존감도 버린 거잖아, 그건 사랑도 아니야! 근데 유정아, 이제 나 너한테 더 이상 할 얘기가 없어. 그냥 둘이... 돈 많이 쓰고... 연애 잘 해.

염유정　언니가 예뻐하시는 연희는 아파서 이제 학교도 못 나오고 공부도 그만둬야 할 것 같다면서요. 유이는 결국 여혐 발언하던 남자애 뺨 때려서 구치소 가고요. 결국 언니 주군 오빠랑 하던 자기 계발 동아리도 깨지고 이제 저희랑 하던 독서모임도 깨지고, 주군 오빠랑 사귀지도 못하고 그렇다고 다른 남자 친구가 생긴 것도 아니고, 오랜 친구였던 다미 언니랑도 거리 멀어지고, 언니한테 남은 게 뭐예요? 저희 이렇게 칼 같이 내치시고, 언니 성격 모나서 다 이렇게 된 거 아니에요?

공자인　내 성격 모나서 그렇게 된 걸 수도 있지. 그렇지만 결과가 안 좋았다고 해서 내 생각이 틀렸다고 할 수는 없어. 언젠가는 누가 알아주겠지.

염유정　아무도 알아주지 않아도 된다면서요. 그게 언니 모토잖아요?

공자인　응, 아무도 알아주지 않아도 나는 내가 옳다고 생각하는 일을 할 거지만, 내가 옳다고 생각하는 일을 계속 하다보면 결국 누군가는 내 마음을 알아줄 거라고 생각해. 어쨌든 나는 내일도 내 갈 길을 갈 거니까...

염유정　앞으로 어떻게 되실지 모르겠지만 행운을 빌어요. 언젠가는 언니 마음을 알아줄 마음 넓은 누군가도 나

타날 수도 있겠지만.. 저희는 안 되겠네요.

공자인   하아... 진짜 주군이 친구가 한다는 봉사활동 동아리라도 나가봐야지 정말..그 친구가 토목공학과 이묵겸이라고 했던가... 생각난 김에 주군이 소개팅해 줄 애들도 좀 찾아봐야겠다... 철학과 3학년 맹호연, 그리고.... 손예지!

2권에 계속!
과연 자인과 주군의 관계는?

공자인의 글 속
고전 이야기 15

공자의 제자들 – 공자와 염유의 관계

염유는 재능이 있는 제자였지만 《논어》를 통틀어 공자에게 가장 비난을 많이 받은 제자이기도 하다. 염유는 머리가 좋고 이론에 밝은 자였지만 의지가 약해 권력자에게 잘 휘둘리고 믿음대로 실천하지 못하는 자였던 듯 보인다. 계강자의 가신으로 있으면서 계강자의 부도덕한 행동을 막지 못하고 오히려 도와주었기 때문에 끝내 공자 입에서 그를 파문하겠다는 말이 나오기까지 한다.

제가 오빠랑 성격 잘 맞아서 잘 사귀고 있는 거구요. 오빠가 제 말은 들은 척도 안 해요, 아시잖아요. (p.173)

계씨가 태산에 려旅 제사를 지내려고 했다. 공자가 염유에게 물었다. "네가 이 상황을 구제할 수 없겠는가?" 대답하기를 "할 수 없습니다."라고 하였다. 공자가 한탄했다. "오호! 태산이 임방만도 못하다고(예의 근본을 모른다고) 생각하는가?"

-《논어》〈팔일〉6

태산에 제사를 지내는 것은 천자만이 할 수 있는 일이다. 현대인에게 계급의 차이를 허무는 것은 오히려 긍정적인 것으로 보일 수도 있다. 그러나 당시에 예禮를 어긴다는 것은 현대로 치자면 불법행위를 하는 것과 비슷한 충격이었을 것이다. 자신의 지위를 어기고 태산에서 제사를 지낸 것은 재벌가의 수장이 자신이 돈이 많다고 하여 법의 판결을 좌지우지하는 것만큼이나 사회 질서에 위협이 되는 일이라고 볼 수 있다. 이를 말리려던 공자는 염유가 자신은 개입할 수 없다고 대답하는 것에 큰 실망을 느낀다.

자신을 탐탁지 않게 여기는 공자에게 염유는 자신이 마음이 부족한 것이 아니고, 분명 최선을 다 하고 있지만 힘이 부족할 따름이라고 변명하였다.

좋은 연애라는 건 서로 차라리 좀 싸우더라도 기본적인 선은 좀 지키도록 이끌어 주는 건데.. 너는 아예 시도도 안 하고 안 된다고 하는 거 아닌가 싶다... (p.173)

염구가 "선생님의 도를 좋아하지 않는 것이 아닙니다만 제 힘이 부족합니다."라고 하니, 공자가 "힘이 부족한 자는 하다가 중

간에 멈추는데, 너는 지금 선을 긋는 것이다."라고 하였다.

— 《논어》 〈옹야〉 10

염유는 또한 공자가 자로와 자신에게 같은 질문에 대해 다른 대답을 한 의도에 대해서도 묻는다.

개는 평소에 몸을 안 사리니까 몸 좀 사리라고 하는 거고, 너는 너무 조심만 하잖아! (p.174)

자로가 물었다. "들은 바는 바로 행할까요?" 공자가 말하였다. "부모와 윗사람들이 있거늘, 어찌 듣는대로 바로 행하겠는가?" 염유가 물었다. "들은 바는 바로 행할까요?" 공자가 답하였다. "듣는대로 행하여라."

공서화가 "유(자로)가 '듣는대로 행할까요' 라고 물었을 때는 부형이 계시다라고 하고, 구(염유)가 '듣는대로 행할까요'라고 물었을 때는 듣는대로 행하라고 하시니, 제가 헷갈려서 질문을 드립니다."라고 말하니, 공자가 말하였다. "구는 원칙을 행동으로 옮기지 않고 자꾸 물러나니 앞으로 나서라고 한 것이고, 유는 남의 몫까지 다 해버리니 물러서라고 한 것이다."

— 《논어》 〈선진〉 21

공자는 이렇듯 제자들과의 문답에서 질문하는 자의 상황에 맞추어 대답을 한 것으로 알려져 있다. 염유는 원칙을 실천하는 과단성이 부족했고, 자로는 지나쳤기 때문에 각각의 상황에 맞게 다른 대답을 해준 것이다. 공자의 이런 잔소리를 들었음에도 염유는 우유부단한 태도를 끝내 고치지 못했다.

와 진짜 너희 둘은 정말 내가 완전 정 떨어진다! 둘 다 나가 그냥, 이제 친구라고 부르지도 마! 아 정말. (p.174)

계씨가 주공보다 재산이 많은데도 염구가 그를 위해 세금을 걷어 재산을 늘렸다. 공자가 말하였다. "내 제자가 아니다. 너희들은 북을 울리며 그를 성토해 꾸짖어도 된다."

－《논어》〈선진〉 16

계씨가 재산이 모자란 것은 전혀 아님에도 불구하고, 염구가 그에게 등용된 이후로 오히려 더 많은 재산을 걷었다는 것은 백성들에게 복지를 베풀기는커녕 더 많은 착취를 일삼았다는 뜻이다. 염구가 계강자를 위해 약자들을 괴롭히는 데에 일조했다는 것을 알게 된 공자는 최종적으로 염구와 연을 끊을 것을 선언한다.